真账超简单

基本业务

代义国 编著

中国宇航出版社
· 北京 ·

内容简介

本书克服了会计书籍的枯燥及理论与实践脱节的不足，以《企业会计准则》为依据，以北京鑫顺股份有限公司的业务为基础，按照会计报表的编制流程，从会计实例操作、会计分录的编制、登记明细分类账、登记总分类账、编制报表五个部分进行逐步讲解，力求让大家一上岗就能胜任会计实务工作，为缺少实践经验的学生、小企业老板、财务自学者以及会计从业人员提供了一本可以活学活用的书籍。

图书在版编目(CIP)数据

真账超简单基本业务 / 代义国编著. -- 北京：中国宇航出版社，2014.6

ISBN 978-7-5159-0663-8

Ⅰ. ①真… Ⅱ. ①代… Ⅲ. ①会计方法 Ⅳ. ①F231.4

中国版本图书馆 CIP 数据核字(2014)第 082596 号

策划编辑　董　琳　　**封面设计**　文道思

责任编辑　董　琳　　**责任校对**　许　磊

出版发行　中国宇航出版社

社　址　北京市阜成路 8 号　**邮　编**　100830

(010)68768548

网　址　www.caphbook.com

经　销　新华书店

发行部　(010)68371900　(010)88530478(传真)

(010)68768541　(010)68767294(传真)

零售店　读者服务部　北京宇航文苑

(010)68371105　(010)62529336

承　印　北京中新伟业印刷有限公司

版　次　2014 年 6 月第 1 版

2014 年 6 月第 1 次印刷

规　格　787 × 1092

开　本　1/16

印　张　17.25

字　数　388 千字

书　号　ISBN 978-7-5159-0663-8

定　价　35.00 元

本书如有印装质量问题，可与发行部联系调换

前　言

会计是现代经济管理的重要组成部分，是一门强调实践性的学科。要想做好会计这项工作，仅有扎实的理论知识是不够的，更重要的是如何将所学理论恰当地用于实践。事实证明：采用真账实操的方式练习，简单易学，点到即会，能够在短时间内达到所学为所用的目的。

本书克服了会计书籍的枯燥及理论与实践脱节的不足，以《企业会计准则》为依据，以北京鑫顺股份有限公司的业务为基础，按照会计报表的编制流程，从会计实例操作、会计分录的编制、登记明细分类账、登记总分类账、编制报表五个部分进行逐步讲解，力求让大家一上岗就能胜任会计这项工作，为缺少实践经验的学生、小企业老板、财务自学者以及会计从业人员提供了一本可以活学活用的书籍。

本书具有以下特点：

1. 以原始凭证反映经济业务，以账簿反映期初余额，而不以惯常的文字形式反映相关信息。这种形式完全符合企业会计工作的实际，更能帮助学生认识企业会计工作的本质。

2. 理论知识深度适中，实务操作性强。

3. 本书从企业的日常业务资料到编制记账凭证、试算平衡表、会计分录再到登记账簿、编制会计报表依次展开，涉及的经济业务全面、典型、实用，涵盖了一般企业主要的日常经济业务和特殊交易或事项。

4. 本书依据最新企业会计准则和相关规范编写。近几年，我国财务、税务及其他财经法律法规处于不断修订和完善中，本书的编写体现了最新政策法规的要求，对实务工作具有很强的指导性。

由于作者水平和时间的限制，书中难免有疏漏和不足之处，恳请读者批评指正。另外，本书中涉及的一些企业名称、银行账号、纳税人识别号等均为虚构，如有雷同，纯属巧合，敬请谅解。

作　者

2014 年 6 月

目　录

第一章　业务资料

一、流动资产

（一）货币资金

1. 库存现金

例 1：2012 年 12 月 1 日，北京鑫顺股份有限公司（以下简称鑫顺公司）财务部签发一张金额为 20 000 元的现金支票，用于公司备用金。

借：库存现金　　20 000

　　贷：银行存款　　20 000

中国工商银行
现金支票存根（京）

$\frac{B}{0}\ \frac{E}{2}$ **65378979**

附加信息

出票日期　2012 年 12 月 01 日

收款人：	北京鑫顺股份有限公司
金　额：	¥20 000.00
用　途：	备用金

单位主管：罗萧　　　会计：李丽

例 2：2012 年 12 月 2 日，鑫顺公司购买办公用品 900 元，现金支付。

借：管理费用　　900

　　贷：库存现金　　900

现金支出凭单

科目：　　　　　　　　2012 年 12 月 02 日　　　　　　　　编号

部门		项目名称		预算科目	
摘要及用途	购买办公用品				
金额	人民币（大写）玖佰元整　¥900.00				
备注					
领导批示：		财务主管：杨明		部门主管：	

会计：李丽　　出纳：李冬娴　　证明/验收人：　　经手人：　　领款人：王海

北京市国家税务局通用机打发票

发　票　联

发票代码：111001172103

发票号码：00532520

开票日期：2012 年 12 月 02 日　　行业分类：商业　　机打号码：00532520

客户名称（全称）：北京鑫顺股份有限公司　　支票号码：

商品名称	规格	单位	数量	单位	金额
办公用品		件	45	20	¥900.00

人民币合计（大写）玖佰元整　　（小写）¥900.00

开票单位（盖章）　　开票人：张娜　　税务登记号 110223601145253

第一联发票联（购货单位付款凭证）（手开无效）

发票密码 [redacted]

例 3：2012 年 12 月 2 日，鑫顺公司将现金 30 000 元存入银行。

借：银行存款　　30 000

　　贷：库存现金　　30 000

中国工商银行（京）现金支票存根
B/0 E/2 54267868
附加信息
出票日期　2012 年 12 月 02 日
收款人：北京鑫顺股份有限公司
金　额：¥30 000.00
用　途：支付工资
单位主管：罗萧　　会计：李丽

例 4：2012 年 12 月 2 日，公司职员李明预支差旅费 5 000 元，用现金支付。

借：其他应收款——李明　　5 000

　　贷：库存现金　　5 000

现金支出凭单

科目：　　2012 年 12 月 02 日　　编号

部门		项目名称		预算科目	
摘要及用途	预支差旅费				
金额	人民币（大写）伍仟元整　　¥5 000.00				
备注					
领导批示：		财务主管：杨明		部门主管：	

会计：李丽　　出纳：李冬娴　　证明/验收人：　　经手人：　　领款人：李明

2. 银行存款

例 5：2012 年 12 月 3 日，鑫顺公司开出支票支付业务部 4 000 元的电话费。

借：销售费用　　4 000

　　贷：银行存款　　4 000

中国工商银行（京）
转账支票存根

$\frac{B}{0}\ \frac{E}{2}$ **1355252**

附加信息＿＿＿＿＿＿＿＿＿＿

出票日期　2012 年 12 月 03 日

收款人：北京市电信局
金　额：¥4 000.00
用　途：电话费

单位主管：罗萧　　会计：李丽

「机打票号」与「信息码」和「发票号码」必须一致，否则无效

北京市邮电通信业、金融保险业专用发票

BEIJING SPECIAL INVOICE FPR SERVICE INDUSTRY ENTERTAINMENT INDUSTRY AND PHYSICAL CULTURE INDUSTRY

发　票　联
INVOICE

发票代码 INVOICE CODE 211000672346
发票号码 INVOICE NO 18970885
密　码 PASSWORD [redacted]
信息码 INF NUMBER 2014060205

54067214-01018639-70885015

税务登记号：110110880202043625l
TAX REGISTRY NO

收款单位：北京市电信局
PAYEE

付款单位（个人）：北京鑫顺股份有限公司
PAYER

经营项目 Service item	金额 Amount charged
电话费	¥4 000.00

金额合计（人民币大写）Total amount (in letters) 肆仟元整

机打票号 Printing No.	18970885	税控装置号 Receiver No.	1000005523628
税控装置防伪码 Anti-forgery Code.	60782263812	开票日期 Date issued	2012－12－03

一 发票联

收款单位（盖章有效）
Payee (seal)

税控机打发票手开无效
Printed by receiver, hand-writing invalid

例 6：2012 年 12 月 3 日，鑫顺公司购入一台不需要安装的电子设备，价款和增值税合计为 35 100 元，设备到达，货款通过银行支付。

借：固定资产——电子产品　30 000
　　应交税费——应交增值税（进项税额）　5 100
　　贷：银行存款　35 100

天津市增值税专用发票
发票联

№.01423437

开票日期：2012年12月03日

购货单位	名　　称：北京鑫顺股份有限公司 纳税人识别号：110010656578543 地 址、电 话：北京市通朝路145号010－47824567 开户行及账号：工行北京朝阳支行7780802387436				密码区	（略）	
货物及应税劳务名称	规格型号	单位	数量	单价	金额	税率	税额
电子设备		台	1	30 000	30 000	17%	5 100
合　计					¥30 000		¥5 100
价税合计（大写）	⊗叁万伍仟壹佰元整				（小写）¥35 100.00		
销货单位	名　　称：天津电子有限公司 纳税人识别号：111074565574431 地 址、电 话：天津市津塘路124号022－86958868 开户行及账号：工行天津支行　1189000056892				备注		

收款人：　　　复核：　　　开票人：吴华　　　销货单位（章）：

第一联　发票联　购货方记账凭证

天津市增值税专用发票
抵扣联

№.01423437

开票日期：2012年12月03日

购货单位	名　　称：北京鑫顺股份有限公司 纳税人识别号：110010656578543 地 址、电 话：北京市通朝路145号010－47824567 开户行及账号：工行北京朝阳支行7780802387436				密码区	（略）	
货物及应税劳务名称	规格型号	单位	数量	单价	金额	税率	税额
电子设备		台	1	30 000	30 000	17%	5 100
合　计					¥30 000		¥5 100
价税合计（大写）	⊗叁万伍仟壹佰元整				（小写）¥35 100.00		
销货单位	名　　称：天津电子有限公司 纳税人识别号：111074565574431 地 址、电 话：天津市津塘路124号022－86958868 开户行及账号：工行天津支行　1189000056892				备注		

收款人：　　　复核：　　　开票人：吴华　　　销货单位（章）：

第二联　抵扣联　购货方扣税凭证

ICBC 中国工商银行 电汇凭证(汇款依据) 3

□普通 □加急 委托日期 2012 年 12 月 03 日

付款人	名称	北京鑫顺股份有限公司	收款人	名称	天津电子有限公司
	账号	7780802387436		账号	1189000056892
	汇出地点	省 北京 市/县		汇入地点	天津
汇出行名称		工行北京朝阳支行	汇入行名称		工行天津支行
金额	人民币(大写)	叁万伍仟壹佰元整			
			支付密码		
			附加信息及用途：支付电子设备费 复核： 记账：		

亿	千	百	十	万	千	百	十	元	角	分
			¥	3	5	1	0	0	0	0

此联汇出行凭以汇出汇款

固定资产验收单

编号：11－322

设备名称	电子设备	出厂编号	z3y300658
型号(规格)	hv3－2123TX	原值	(1 台)
生产厂家	天津电子有限公司	购入时间	2012 年 12 月 03 日
主要技术参数：略			
随机附件及数量：略			
随机资料：略			
设备安装调试情况：安装调试完成			
设备验收结论：合格			
参加验收人员：李丽 刘超 王敏娜			
备注：			
保管部门签名：张晓 日期：2012 年 12 月 03 日			
使用部门签名：杨明 日期：2012 年 12 月 03 日			

注：一式三份，资产管理部门一份，使用部门一份，生产厂家一份。

例 7：2012 年 12 月 3 日，鑫顺公司用银行存款支付广告费 10 000 元。

借：销售费用——广告费　　10 000

　　贷：银行存款　　10 000

「机打票号」与「信息码」和「发票号码」必须一致，否则无效

北京市服务业、娱乐业、文化体育业专用发票

BEIJING SPECIAL INVOICE FPR SERVICE INDUSTRY ENTERTAINMENT INDUSTRY AND PHYSICAL CULTURE INDUSTRY

发票联

INVOICE

发票代码 INVOICE CODE 211000672162

发票号码 INVOICE NO 18970885

密码 PASSWORD [redacted]

信息码 INF NUMBER 2014060205

54067214-01018639-70885015

税务登记号：1101108802020315872 TAX REGISTRY NO

收款单位：新科广告公司 PAYEE

付款单位(个人)：北京鑫顺股份有限公司 PAYER

项目 Item	单价 UNIT PRICE	数量 QUANTITY	金额 Amount charged
广告费	10 000. 00		10 000. 00
小写合计 TOTAL IN FIGURES	￥10 000. 00		
大写合计 TOTAL IN CAPITAL	壹万元整		

一 发票联

机打号码 Printed No. 18970885

机器编码 Machine No. 008510220901

税控码 Tax control No. 1009 1935 9417 4607 5884

收款员 Cashier

开票日期 Date issued 2012/12/03

收款单位(盖章有效) Payee(seal)

税控机打发票手开无效 Printed by receiver, hand-writing invalid

中国工商银行(京)
转账支票存根

B/0 E/2 **24652521**

附加信息

出票日期　2012 年 12 月 03 日

收款人：新科广告公司
金　额：￥10 000. 00
用　途：支付广告费

单位主管：罗萧　　会计：李丽

例 8：2012 年 12 月 4 日，鑫顺公司收到乙公司归还的欠款 20 000 元。

借：银行存款　　20 000

　贷：应收账款　　20 000

中国工商银行　　业务回单(收款)凭证

入账日期：2012－12－04　　回单编号：11271000012
付款人户名：乙公司
付款人账号：4108645732577
付款人开户行/发报行：工商银行
收款人户名：北京鑫顺股份有限公司
收款人账号：7780802387436
收款人开户银行：工商银行朝阳支行
币种：　人民币(本位币)　　金额(小写)：¥20 000.00
金额(大写)贰万元整
凭证种类：　　　　凭证号码：
业务(产品)种类：同行汇款　　摘要：货款
交易机构号 622214　记账柜员号：00003　　交易代码：52002　用途：
附言：
支付交易序号：11000451 报文种类：00100 委托日期：2012－12－04
业务种类：　　　　收款人地址：
付款人地址：

打印次数：　1　次　机打回单注意重复　打印日期：2012－12－04　打印柜员：02005

例 9：2012 年 12 月 4 日，鑫顺公司缴纳企业所得税 1 862 元。

借：应交税费——应交所得税　　　　1 862
　　贷：银行存款　　　　1 862

中华人民共和国
税收通用缴款书

(2005)京地完电：2374501

注册类型：　　　填发日期：2012 年 12 月 04 日　　　征收机关：

纳税人代码	102457835×××241			地址	朝阳区国家税务局一所	
纳税人名称	北京鑫顺股份有限公司			税款所属时期	2012－11－01 至 2012－11－30	
税种	品目名称	课税数量	计税金额或销售收入	税率或单位税额	已缴或扣除额	实缴金额
企业所得税			7 448.00	25%		1 862.00
金额合计	(大写)壹仟捌佰陆拾贰元整					
北京市国家税务局 征税专用章	委托代征单位(人)(盖章)		填票人(章)	备注		

ICBC 中国工商银行电子缴税付款凭证

中国工商银行　　转账日期：2012 年 12 月 04 日　　凭证字号：201144426　　凭证：

纳税人全称及纳税人识别号：北京鑫顺股份有限公司　　110010656578543

付款人全称：北京鑫顺股份有限公司　　税务机关名称：北京市朝阳区国家税务局

付款人账号：7780802387436　　收款国库（银行）名称：国家金库北京市朝阳区支库（代理）

付款人开户银行：中国工行朝阳支行　　缴款书交易流水号：315549474464

小写（合计）金额：￥1 862.00　　税票号码：455376464131201

大写（合计）金额：壹仟捌佰陆拾贰元整

税（费）种名称	所属日期	实缴金额
企业所得税	2012.11.01—2012.11.30	￥1 862.00

第一次打印　　打印时间：12 月 04 日 10 时 08 分

第二联　　作付款回单（无银行收讫章无效）　　复核：　　记账：

例 10：2012 年 12 月 4 日，鑫顺公司缴纳城市维护建设税 312 元。

借：应交税费——应交城建税　　312

　　贷：银行存款　　312

中华人民共和国
税收通用缴款书

（2005）京地完电：2374532

注册类型：　　填发日期：2012 年 12 月 04 日　　征收机关：

<table>
<tr><td>纳税人代码</td><td colspan="3">102457835 × × ×241</td><td>地址</td><td colspan="3">朝阳区地方税务局一所</td></tr>
<tr><td>纳税人名称</td><td colspan="3">北京鑫顺股份有限公司</td><td>税款所属时期</td><td colspan="3">2012 - 11 - 01 至 2012 - 11 - 30</td></tr>
<tr><td>税种</td><td>品目名称</td><td>课税数量</td><td>计税金额或销售收入</td><td>税率或单位税额</td><td>已缴或扣除额</td><td colspan="2">实缴金额</td></tr>
<tr><td>城建税</td><td></td><td></td><td>4 457.00</td><td>7%</td><td></td><td colspan="2">312.00</td></tr>
<tr><td>金额合计</td><td colspan="7">（大写）叁佰壹拾贰元整</td></tr>
<tr><td colspan="2"></td><td colspan="2">委托代征单位（人）
（盖章）</td><td colspan="2">填票人（章）</td><td>备注</td><td></td></tr>
</table>

中国工商银行电子缴税付款凭证

中国工商银行　　转账日期：2012 年 12 月 04 日　　凭证字号：201233345　　凭证：

纳税人全称及纳税人识别号：北京鑫顺股份有限公司　　110010656578543

付款人全称：北京鑫顺股份有限公司　　税务机关名称：北京市朝阳区地方税务局

付款人账号：7780802387436　　收款国库(银行)名称：国家金库北京市朝阳区支库(代理)

付款人开户银行：中国工行朝阳支行　　缴款书交易流水号：314438374464

小写(合计)金额：¥312.00　　税票号码：455365353131201

大写(合计)金额：叁佰壹拾贰元整

税(费)种名称	所属日期	实缴金额
城市维护建设税	2012.11.01—2012.11.30	¥312.00

第一次打印　　打印时间：12 月 04 日 10 时 08 分

第二联　　作付款回单(无银行收讫章无效)　　复核：　　记账：

例 11：2012 年 12 月 4 日，鑫顺公司缴纳教育费附加 133.71 元。

借：应交税费——应交教育费附加　　133.71

　　贷：银行存款　　133.71

中华人民共和国
税收通用缴款书

(2005)京地完电：237452374592

注册类型：　　填发日期：2012 年 12 月 04 日　　征收机关：

纳税人代码	102457835×××241			地址	朝阳区地方税务局一所	
纳税人名称	北京鑫顺股份有限公司			税款所属时期	2012-11-01 至 2012-11-30	
税种	品目名称	课税数量	计税金额或销售收入	税率或单位税额	已缴或扣除额	实缴金额
教育费附加			4 457.00	3%		133.71
金额合计	(大写)壹佰叁拾叁元柒角壹分					
北京市地方税务局 征税专用章	委托代征单位(人)(盖章)		填票人(章)	备注		

中国工商银行电子缴税付款凭证

中国工商银行　　转账日期：2012 年 12 月 04 日　　凭证字号：201255534　　凭证：

纳税人全称及纳税人识别号：北京鑫顺股份有限公司 110010656578543

付款人全称：北京鑫顺股份有限公司　　税务机关名称：北京市朝阳区地方税务局

付款人账号：7780802387436　　收款国库(银行)名称：国家金库北京市朝阳区支库(代理)

付款人开户银行：中国工行朝阳支行　　缴款书交易流水号：315549565573

小写(合计)金额：¥133.71　　税票号码：455376464242312

大写(合计)金额：壹佰叁拾叁元柒角壹分

税(费)种名称	所属日期	实缴金额
教育费附加	2012.11.01—2012.11.30	¥133.71

第一次打印　　打印时间：12 月 04 日 10 时 08 分

第二联　　作付款回单(无银行收讫章无效)　　复核：　　记账：

例 12：2012 年 12 月 4 日，鑫顺公司缴纳房产税 3 453.29 元。

借：应交税费——应交房产税　　3 453.29

　　贷：银行存款　　3 453.29

中华人民共和国
税收通用缴款书

(2005)京地完电：2374574

注册类型：　　填发日期：2012 年 12 月 04 日　　征收机关：

纳税人代码	102457835×××241			地址	朝阳区地方税务局一所	
纳税人名称	北京鑫顺股份有限公司			税款所属时期	2012－11－01 至 2012－11－30	
税种	品目名称	课税数量	计税金额或销售收入	税率或单位税额	已缴或扣除额	实缴金额
房产税			287 774.00	1.2%		3 453.29
金额合计	(大写)叁仟肆佰伍拾叁元贰角玖分					
北京市地方税务局 征税专用章	委托代征单位(人)(盖章)		填票人(章)	备注		

中国工商银行电子缴税付款凭证

中国工商银行　转账日期：2012 年 12 月 04 日　凭证字号：201166532　凭证：

纳税人全称及纳税人识别号：北京鑫顺股份有限公司　110010656578543
付款人全称：北京鑫顺股份有限公司　税务机关名称：北京市朝阳区地方税务局
付款人账号：7780802387436　收款国库(银行)名称：国家金库北京市朝阳区支库(代理)
付款人开户银行：中国工行朝阳支行　缴款书交易流水号：315549365478
小写(合计)金额：¥3 453.29　税票号码：688376464253423
大写(合计)金额：叁仟肆佰伍拾叁元贰角玖分

税(费)种名称	所属日期	实缴金额
房产税	2012.11.01—2012.11.30	¥3 453.29

第一次打印　打印时间：12 月 04 日 10 时 08 分

第二联　作付款回单(无银行收讫章无效)　复核：　记账：

3. 其他货币资金

例 13：2012 年 12 月 5 日，鑫顺公司采购部李某持银行汇票向庆丰公司采购 A 材料 1 500 千克，每千克 95 元，取得增值税专用发票，材料验收入库时实收 1 485 千克，其中 15 千克为运输途中合理损耗。

借：原材料　142 500
　　应交税费——应交增值税(进项税额)　24 225
　　贷：其他货币资金——银行汇票　166 725

北京市增值税专用发票

发票联

No. 02585144

开票日期：2012 年 12 月 05 日

<table>
<tr><td rowspan="4">购货单位</td><td colspan="6">名　　称：北京鑫顺股份有限公司</td><td colspan="3" rowspan="4">密码区　(略)</td></tr>
<tr><td colspan="6">纳税人识别号：110010656578543</td></tr>
<tr><td colspan="6">地 址、电 话：北京市通朝路 145 号 010－47824567</td></tr>
<tr><td colspan="6">开户行及账号：工行北京朝阳支行 7780802387436</td></tr>
<tr><td colspan="2">货物及应税劳务名称</td><td>规格型号</td><td>单位</td><td>数量</td><td>单价</td><td>金额</td><td>税率</td><td>税额</td></tr>
<tr><td colspan="2">A 材料</td><td></td><td>千克</td><td>1 500</td><td>95</td><td>142 500</td><td>17%</td><td>24 225</td></tr>
<tr><td colspan="2">合　计</td><td></td><td></td><td></td><td></td><td>¥142 500</td><td></td><td>¥24 225</td></tr>
<tr><td colspan="2">价税合计(大写)</td><td colspan="7">⊗壹拾陆万陆仟柒佰贰拾伍元整　(小写)¥166 725.00</td></tr>
<tr><td rowspan="4">销货单位</td><td colspan="5">名　　称：庆丰公司</td><td rowspan="4">备注</td><td colspan="2" rowspan="4"></td></tr>
<tr><td colspan="5">纳税人识别号：111074566685541</td></tr>
<tr><td colspan="5">地 址、电 话：北京市大兴区光复路 124 号 010－45958868</td></tr>
<tr><td colspan="5">开户行及账号：工行北京大兴支行　22475000056892</td></tr>
</table>

第一联 发票联 购货方记账凭证

收款人：　复核：　开票人：田磊　销货单位(章)：

北京市增值税专用发票

抵扣联

No. 02585144

开票日期：2012年12月05日

<table>
<tr><td rowspan="4">购货单位</td><td colspan="6">名　　称：北京鑫顺股份有限公司</td><td rowspan="4">密码区</td><td colspan="2" rowspan="4">（略）</td></tr>
<tr><td colspan="6">纳税人识别号：110010656578543</td></tr>
<tr><td colspan="6">地 址、电 话：北京市通朝路145号 010－47824567</td></tr>
<tr><td colspan="6">开户行及账号：工行北京朝阳支行　7780802387436</td></tr>
<tr><td colspan="2">货物及应税劳务名称</td><td>规格型号</td><td>单位</td><td>数量</td><td>单价</td><td colspan="2">金额</td><td>税率</td><td>税额</td></tr>
<tr><td colspan="2">A材料</td><td></td><td>千克</td><td>1 500</td><td>95</td><td colspan="2">142 500</td><td>17%</td><td>24 225</td></tr>
<tr><td colspan="2">合　计</td><td></td><td></td><td></td><td></td><td colspan="2">¥142 500</td><td></td><td>¥24 225</td></tr>
<tr><td colspan="2">价税合计(大写)</td><td colspan="8">⊗壹拾陆万陆仟柒佰贰拾伍元整　　（小写）¥166 725.00</td></tr>
<tr><td rowspan="4">销货单位</td><td colspan="6">名　　称：庆丰公司</td><td rowspan="4">备注</td><td colspan="2" rowspan="4"></td></tr>
<tr><td colspan="6">纳税人识别号：111074566685541</td></tr>
<tr><td colspan="6">地 址、电 话：北京市大兴区光复路124号 010－45958868</td></tr>
<tr><td colspan="6">开户行及账号：工行北京大兴支行　22475000056892</td></tr>
</table>

第二联　抵扣联　购货方扣税凭证

收款人：　　复核：　　开票人：田磊　　销货单位(章)：

材料入库单

2012年12月05日

供应单位	材料名称	计量单位	数量		实际成本				计划成本		材料成本差异
			应收	实收	单位实际成本	金额	运费	合计	单位计划成本	金额	
甲公司	A材料	千克	1 500	1 485	95.00	142 500.00	0.00	142 500.00			
合计			1 500	1 485	95.00	142 500.00	0.00	142 500.00			
检验结果：合格					检验员签章：王霞						

仓库主管：杨静　　会计：李丽　　收料员：赵静　　经手人：王聪　　制单：刘昭

例14：2012年12月5日，鑫顺公司收到开户银行转来的银行汇票多余款3 275元。

借：银行存款　　3 275

　　贷：其他货币资金——银行汇票　　3 275

付款期限
一个月

中国工商银行 4

银行汇票(多余款收账通知)

出票日期（大写） 贰零壹贰年壹拾贰月零伍日

代理付款行：工行 行号：23452

收款人	庆丰公司	账户	22475000056892

出票金额 人民币（大写） 壹拾柒万元整

实际结算金额 人民币（大写） 壹拾陆万陆仟柒佰贰拾伍元整	百	十	万	千	百	十	元	角	分
	¥	1	6	6	7	2	5	0	0

申请人：北京鑫顺股份有限公司 账号：7780802387436

出票行：工行朝阳支行 行号

备注：

出票行签章：

2012 年 12 月 05 日

密码：

多余金额							左列退回多余金额已收入你账户内。
万	千	百	十	元	角	分	
¥	3	2	7	5	0	0	

此联出票行结清多余款后交申请人

(二)交易性金融资产

例 15：2012 年 12 月 5 日，鑫顺公司 6 月份购入的龙华公司发行的面值 200 000 元、票面利率为 6%、期限为 6 个月的公司债券到期，收回本息。

(1)核算利息：

借：应收利息——龙华公司 6 000

  贷：投资收益——债券利息 6 000

(2)收到本息：

借：银行存款 206 000

  贷：应收利息——龙华公司 6 000

    交易性金融资产——债券投资 200 000

交易性金融资产利息费用计算单

编制部门：财务部 2012 年 12 月 05 日 金额单位：元

项目 名称	购买日	到期日	面值	票面利率	期限	应收利息	本息合计
公司债券	2012. 6. 6	2012. 12. 5	200 000. 00	6%	6 个月	6 000. 00	206 000. 00
合计			200 000. 00			6 000. 00	206 000. 00

会计主管：杨明 审核：张庆 会计：李丽 制单：赵景

ICBC 中国工商银行　　业务回单（收款）凭证

入账时间：2012－12－05
付款人户名：龙华公司
付款人账号：254786458971125
付款人开户银行：
收款人户名：北京鑫顺股份有限公司
收款人账号：7780802387436
币种：　人民币（本位币）　金额（小写）：¥206 000.00
金额（大写）：贰拾万零陆仟元整
凭证种类：资金汇划　　凭证号码：003246523
业务（产品）种类：汇划收报确认　　摘要：本息
交易机构号：0010000421　记账柜员号：00001　交易代码：01321　用途：往来款
客户附言：本息　　用途：往来款

打印次数：1　次　　机打回单注意重复　　打印日期：2012－12－05

例16：2012年12月5日，鑫顺公司购进东方电气股份有限公司价值105 000元的股票，交易费用2 000元，用银行存款支付。

借：交易性金融资产　　105 000
　　投资收益　　2 000
　　贷：银行存款　　107 000

股票交易账户资产情况表

编制单位：财务部　　金额单位：元

项目 时间	总资产	现金	证券				
			股票名称	股票代码	股票股数	成本价	公允价值
2012年12月5日	120 000.00	13 000.00	东方电气	600875	10 000	105 000.00	105 000.00
合计	120 000.00	13 000.00			10 000	105 000.00	105 000.00

会计主管：杨明　　审核：张庆　　会计：李丽　　制单：赵景

中国工商银行（京）
现金支票存根

$\frac{B}{0}\frac{E}{2}$ 35763622

附加信息

出票日期 2012 年 12 月 05 日

收款人：东方电气股份有限公司	
金　额：￥107 000.00	
用　途：购买股票	

单位主管：罗萧　　会计：李丽

例 17：2012 年 12 月 6 日，鑫顺公司持有的交易性金融资产的公允价值为 107 000 元。

借：交易性金融资产——公允价值变动　　2 000

　　贷：公允价值变动损益　　2 000

公允价值变动损益计算表

2012 年 12 月 06 日

交易性金融资产	数量	市场价格	账面价格	公允价值变动损益
东方电气股份有限公司	10 000 股	10.7	10.5	2 000
合计				2 000

制单：赵景　　审核：张庆

（三）应收款项

1. 应收票据

例 18：2012 年 12 月 6 日，鑫顺公司向上海奥拓公司销售乙产品一批，开出的增值税专用发票上注明的销售价款为 80 000 元，销项税额为 13 600 元，该批产品注明实际成本 50 000 元，公司收到为期 3 个月的商业承兑汇票一张。

借：应收票据　　93 600

　　贷：主营业务收入　　80 000

　　　　应交税费——应交增值税（销项税额）　　13 600

北京市增值税专用发票

№. 02447586

开票日期：2012 年 12 月 06 日

购货单位	名　　称：上海奥拓公司 纳税人识别号：231010455789421 地 址、电 话：上海市经济开发区 45 号 021 –25648723 开户行及账号：工行上海支行 44215638569875542				密码区	（略）		
货物及应税劳务名称	规格型号	单位	数量	单价	金额	税率	税额	
乙产品		箱	400	200	80 000	17%	13 600	
合　计					¥80 000		¥13 600	
价税合计（大写）	⊗玖万叁仟陆佰元整				（小写）¥93 600.00			
销货单位	名　　称：北京鑫顺股份有限公司 纳税人识别号：110010656578543 地 址、电 话：北京市通朝路 145 号 010 –47824567 开户行及账号：工行北京朝阳支行　7780802387436				备注			

第三联 记账联 销货方记账凭证

收款人：　　复核：　　开票人：吴晓　　销货单位（章）：

产成品出库单

提货部门：销售部　　2012 年 12 月 06 日　　NO. 14

产品			单位	数量	单价	成本总额							说　明
编号	名称	规格				万	千	百	十	元	角	分	
	乙产品	E456	箱	400	125	5	0	0	0	0	0		

第三联 记账

部门主管：马力　　会计：李丽　　记账：王华　　保管：吴宇　　提货人：康冬喜　　制单：刘昭

商业承兑汇票(卡片)　　1

出票日期（大写）　贰零壹贰年壹拾贰月零陆日

付款人	出票人全称	上海奥拓公司	收款人	全　称	北京鑫顺股份有限公司
	出票人账号	44215638569875542		账　号	7780802387436
	付款行全称	工商银行上海支行		开户银行	工商银行北京市朝阳支行

出票金额	人民币（大写）玖万叁仟陆佰元整	亿	千	百	十	万	千	百	十	元	角	分
					¥	9	3	6	0	0	0	0

汇票到期日（大写）	贰零壹叁年零叁月零伍日	付款人开户行	行　号	782783
交易合同号码	2356898778966		地　址	上海市闵行路52号
出票人签章：		备注：		

此联承兑人留存

例19：2012年12月7日，鑫顺公司将一张出票日期为2012年9月7日，期限为6个月，面值为100 000元，票面利率为4%的银行票据贴现，贴现率为9%。

（1）取得贴现所得款项：

借：银行存款　　99 705

　　贷：应收票据　　99 705

（2）确认票据利息及贴现息：

借：财务费用　　295

　　贷：应收票据　　295

贴现凭证(收账通知)

申请日期 2012年12月07日　　第19号

贴现票据	种类	银行承兑汇票	号码	34567	持票人	名称	北京鑫顺股份有限公司
	出票日	2012年9月7日				账号或地址	7780802387436
	到期日	2013年3月6日				开户银行	工商银行朝阳支行
汇票承兑人名称		天津祥和公司			开户银行		工商银行

汇票金额	人民币（大写）壹拾万零贰仟元整	百	十	万	千	百	十	元	角	分
		¥	1	0	2	0	0	0	0	0

贴现率	9%	贴现息	十	万	千	百	十	元	角	分	
				¥	2	2	9	5	0	0	

实付贴现金额	百	十	万	千	百	十	元	角	分
		¥	9	9	7	0	5	0	0

贴现款已入你的单位账户。 银行盖章 2012年12月07日	备注：

此联银行给持票人的收款凭证

2. 应收账款

例 20：2012 年 12 月 7 日，鑫顺公司销售给祥瑞公司一批乙产品，货款 600 000 元，增值税款 102 000 元，产品已到，货款尚未收到，并用银行存款垫付运杂费 3 600 元。该批产品成本价为 375 000 元。

借：应收账款——祥瑞公司　705 600

　贷：主营业务收入　600 000

　　应交税费——应交增值税(销项税额)　102 000

　　银行存款　3 600

北京市增值税专用发票

No. 02436475

开票日期：2012 年 12 月 7 日

购货单位	名称：祥瑞公司 纳税人识别号：10202014678932 地址、电话：经济开发区 23 号 010－23654812 开户行及账号：工行通州支行 44215638568764431					密码区	(略)
货物及应税劳务名称	规格型号	单位	数量	单价	金额	税率	税额
乙产品		箱	3 000	200	600 000	17%	102 000
合计					￥600 000		￥102 000
价税合计(大写)	⊗柒拾万零贰仟元整				(小写)￥702 000.00		
销货单位	名称：北京鑫顺股份有限公司 纳税人识别号：110010656578543 地址、电话：北京市通朝路 145 号 010－47824567 开户行及账号：工行北京朝阳支行　7780802387436					备注	

第三联　记账联　销货方记账凭证

收款人：　　复核：　　开票人：吴晓　　销货单位(章)：

公路、内河货物运输统一发票

信息码：

密码：

发 票 联

开票日期：2012 年 12 月 07 日

发票代码：244000510267
发票号码：01446283

机打代码 机打号码 机器编号	244000510011 01446283	税控码	441900263879397	北京市地方税务 朝阳税务分局	8669896
收货人及纳税人识别码	祥瑞公司 10202014678932	承运人及纳税人识别号	中国货运北京有限公司 441900263879397		
运输项目及金额	货物名称 重量(数量)单位运价 计费里程 金额 乙产品 3 600.00	其他项目及金额	费用名称 金额	备注 （手写无效） 起运地：北京 到达地：北京 承运人盖章	
运费小计	¥3 600.00	其他费用小计			
合计(大写)	叁仟陆佰元整		（小写）¥3 600.00		

第一联 发票联 付款方记账凭证

承运人盖章： 开票人：

产成品出库单

提货部门：销售部 2012 年 12 月 7 日 No. 16

产品 编号	产品 名称	产品 规格	单位	数量	单价	成本总额 十	万	千	百	十	元	角	分	说明
	乙产品			3 000	125	3	7	5	0	0	0	0	0	

第三联 记账

部门主管：马力 会计：李丽 记账：王华 保管：吴宇 提货人：邵斌 制单：刘昭

中国工商银行（京）
转账支票存根

$\frac{B}{0}\frac{E}{2}$ 36452513

附加信息______________________

出票日期　2012 年 12 月 07 日

收款人：中国货运北京有限公司
金　额：¥3 600.00
用　途：代垫运费

单位主管：罗萧　　　会计：李丽

例 21：2012 年 12 月 8 日，鑫顺公司接到银行通知，上述款项已收妥入账。

借：银行存款　　705 600

　　贷：应收账款——祥瑞公司　　705 600

ICBC 中国工商银行　　业务回单（收款）凭证

入账时间：2012－12－08
付款人户名：祥瑞公司
付款人账号：44215638568764431
付款人开户银行：
收款人户名：北京鑫顺股份有限公司
收款人账号：7780802387436
币种：　人民币（本位币）　金额（小写）：¥705 600.00
金额（大写）：柒拾万零伍仟陆佰元整
凭证种类：资金汇划　　凭证号码：002364235
业务（产品）种类：汇划收报确认　　摘要：货款
交易机构号：0030000532　记账柜员号：00003　交易代码：02432　用途：往来款
客户附言：货款　　用途：往来款

打印次数：1　次　　机打回单注意重复　　打印日期：2012－12－08

3. 预付账款

例 22：2012 年 12 月 8 日，鑫顺公司向天津商贸科技有限公司预购 A 材料 400 千克，预付款 60 000 元。

借：预付账款　　60 000

　　贷：银行存款　　60 000

ICBC 中国工商银行 电汇凭证（汇款依据） 3

□普通 □加急 委托日期 2012 年 12 月 08 日

付款人	名称	北京鑫顺股份有限公司	收款人	名称	天津商贸科技有限公司
	账号	7780802387436		账号	22478965425863145121456
	汇出地点	省 北京 市/县		汇入地点	省 天津 市/县
汇出行名称		工商银行北京朝阳支行	汇入行名称		工行天津塘沽支行
金额	人民币（大写）	陆万元整		亿千百十万千百十元角分	¥6000000
			支付密码		
			附加信息及用途：		
				复核：	记账：

此联汇出行凭以汇出汇款

例 23：2012 年 12 月 10 日，鑫顺公司收到预付给天津商贸科技有限公司款项的 A 材料，材料价款 50 000 元，增值税款 8 500 元，与天津商贸科技有限公司是长期合作的关系，其余款项待以后期间结算，材料已验收入库。

借：原材料 50 000

应交税费——应交增值税（进项税额） 8 500

贷：预付账款 58 500

天津市增值税专用发票
发票联

№. 02576423

开票日期：2012 年 12 月 10 日

购货单位	名 称：北京鑫顺股份有限公司 纳税人识别号：110010656578543 地 址、电 话：北京市通朝路 145 号 010－47824567 开户行及账号：工行北京朝阳支行 7780802387436			密码区	（略）		
货物及应税劳务名称	规格型号	单位	数量	单价	金额	税率	税额
A 材料		千克	400	125	50 000	17%	8 500
合 计					¥50 000		¥8 500
价税合计（大写）	⊗伍万捌仟伍佰元整				（小写）¥58 500.00		
销货单位	名 称：天津商贸科技有限公司 纳税人识别号：223164552385541 地 址、电 话：天津塘沽 022－23654814 开户行及账号：工行天津塘沽支行 22478965425863145121456			备注			

第一联 发票联 购货方记账凭证

收款人： 复核： 开票人：陆海涛 销货单位（章）：

天津市增值税专用发票

抵扣联

№. 02576423

开票日期：2012 年 12 月 10 日

购货单位	名 称：北京鑫顺股份有限公司 纳税人识别号：110010656578543 地 址、电 话：北京市通朝路 145 号 010 - 47824567 开户行及账号：工行北京朝阳支行 7780802387436				密码区	（略）	
货物及应税劳务名称	规格型号	单位	数量	单价	金额	税率	税额
A 材料		千克	400	125	50 000	17%	8 500
合 计					¥50 000		¥8 500
价税合计（大写）	⊗伍万捌仟伍佰元整				（小写）¥58 500.00		
销货单位	名 称：天津商贸科技有限公司 纳税人识别号：223164552385541 地 址、电 话：天津塘沽 022 - 23654814 开户行及账号：工行天津塘沽支行 22478965425863145121456				备注		

第二联 抵扣联 购货方扣税凭证

收款人： 复核： 开票人：陆海涛 销货单位（章）：

材 料 入 库 单

2012 年 12 月 10 日

供应单位	材料名称	计量单位	数量		实际成本				计划成本		材料成本差异
			应收	实收	单位实际成本	金额	运费	合计	单位计划成本	金额	
天津商贸科技有限公司	A 材料	千克	400	400	125.00	50 000.00	0.00	50 000.00			
合 计			400	400	125.00	50 000.00	0.00	50 000.00			
检验结果：合格					检验员签章：王霞						

仓库主管：杨静 会计：李丽 收料员：赵静 经手人：王聪 制单：刘昭

例 24：2012 年 12 月 10 日，鑫顺公司收到天津商贸科技有限公司退回多余的预付款 1 500 元。

借：银行存款 1 500

  贷：预付账款 1 500

ICBC 中国工商银行 业务回单(收款)凭证

入账时间：2012－12－10

付款人户名：天津商贸科技有限公司

付款人账号：2247896542586314512l456

付款人开户银行：工行天津塘沽支行

收款人户名：北京鑫顺股份有限公司

收款人账号：7780802387436

币种： 人民币(本位币) 金额(小写)：¥1 500.00

金额(大写)：壹仟伍佰元整

凭证种类：资金汇划 凭证号码：002364242

业务(产品)种类：汇划收报确认 摘要：货款

交易机构号：0030000532 记账柜员号：00026 交易代码：02431 用途：往来款

客户附言：货款 用途：往来款

打印次数：1次 机打回单注意重复 打印日期：2012－12－10

4. 其他应收款

例25：2012年12月10日，鑫顺公司职员李明出差回来，报销差旅费4 500元，退回现金500元。

借：管理费用 4 500

库存现金 500

贷：其他应收款——李明 5 000

差旅费报销单

填报日期：2012年12月10日

<table>
<tr><td>出差人</td><td>李明</td><td>共1人</td><td>职 务</td><td colspan="2"></td><td>部门</td><td colspan="2">管理部门</td><td>审批人</td><td colspan="2"></td></tr>
<tr><td>出差事由</td><td colspan="6">公差</td><td rowspan="2">出差起止日期</td><td colspan="4">自2012年12月02日起</td></tr>
<tr><td>到达地点</td><td colspan="6">成都</td><td colspan="4">至2012年12月10日止共9天</td></tr>
<tr><td rowspan="3">项目金额</td><td colspan="5">交通工具</td><td colspan="3">其他</td><td>住宿费</td><td colspan="2">出差补助</td></tr>
<tr><td>火车</td><td>汽车</td><td>轮船</td><td>飞机</td><td>市内交通费</td><td>餐饮费</td><td>会议费</td><td>保险费</td><td>住宿8天</td><td>天数</td><td>金额</td></tr>
<tr><td></td><td></td><td></td><td>1 750.00</td><td>500.00</td><td>1 430.00</td><td></td><td>20.00</td><td>800.00</td><td></td><td></td></tr>
<tr><td colspan="9">总计人民币(大写)肆仟伍佰元整</td><td colspan="3">¥4 500.00</td></tr>
<tr><td colspan="2">原借款金额</td><td colspan="2">报销金额</td><td colspan="8">交结余金额人民币(大写) 伍佰元整 ¥500.00</td></tr>
<tr><td colspan="2">5 000.00</td><td colspan="2">4 500.00</td><td colspan="8">支超支金额人民币(大写)</td></tr>
</table>

负责人：罗萧 会计主管：杨明 会计：李丽 出纳员：李冬娴 出差人：李明

收　据

2012 年 12 月 10 日　　NO. 023018

今收到	李明
交　来	差旅费剩余款
人民币（大写）	伍佰元整　　¥500.00

第二联　记账联

收款人：李冬娴　　交款人：李明

例 26：2012 年 12 月 10 日，鑫顺公司因交通事故报废运输汽车向平安保险公司理赔，经调查，保险公司同意赔偿 200 000 元。

借：其他应收款——平安保险公司　200 000

　　贷：固定资产清理——运输汽车　200 000

附：

保险赔偿责任书

北京鑫顺股份有限公司因交通事故报废一辆运输汽车，原价值 280 000 元，已提折旧 35 000 元，未计提减值准备。保险公司根据保险合同同意赔偿该公司 200 000 元。

中国平安保险公司

经办人：杨海露

审批人：安国胜

2012 年 12 月 10 日

(四) 存货

1. 原材料

例 27：2012 年 12 月 10 日，鑫顺公司采用送货制从上海科技有限公司购入原材料 1 000 千克，材料单价 40 元，取得增值税专用发票上注明的材料价款为 40 000 元，增值税税额为 6 800 元。代垫运费 500 元，装卸费 400 元。材料已验收入库，采用电汇方式结算款项。

借：原材料　40 900

　　应交税费——应交增值税(进项税额)　6 800

　　贷：银行存款　47 700

上海市增值税专用发票
发票联

№. 02576423

开票日期：2012 年 12 月 10 日

<table>
<tr><td rowspan="4">购货单位</td><td colspan="5">名　　称：北京鑫顺股份有限公司</td><td rowspan="4">密码区</td><td colspan="3" rowspan="4">（略）</td></tr>
<tr><td colspan="5">纳税人识别号：110010656578543</td></tr>
<tr><td colspan="5">地 址、电 话：北京市通朝路 145 号 010－47824567</td></tr>
<tr><td colspan="5">开户行及账号：工行北京朝阳支行 7780802387436</td></tr>
<tr><td colspan="2">货物及应税劳务名称</td><td>规格型号</td><td>单位</td><td>数量</td><td>单价</td><td colspan="2">金额</td><td>税率</td><td>税额</td></tr>
<tr><td colspan="2">原材料</td><td></td><td>千克</td><td>1 000</td><td>40</td><td colspan="2">40 000</td><td>17%</td><td>6 800</td></tr>
<tr><td colspan="2">合　　计</td><td></td><td></td><td></td><td></td><td colspan="2">¥40 000</td><td></td><td>¥6 800</td></tr>
<tr><td colspan="2">价税合计（大写）</td><td colspan="8">⊗肆万陆仟捌佰元整　　　　（小写）¥46 800.00</td></tr>
<tr><td rowspan="4">销货单位</td><td colspan="5">名　　称：上海科技有限公司</td><td rowspan="4">备注</td><td colspan="3" rowspan="4"></td></tr>
<tr><td colspan="5">纳税人识别号：442645523763542</td></tr>
<tr><td colspan="5">地 址、电 话：上海浦东路 122 号　021－25639876</td></tr>
<tr><td colspan="5">开户行及账号：工行浦东支行　235647851243680014</td></tr>
</table>

第一联 发票联 购货方记账凭证

收款人：　　　　复核：　　　　开票人：马晟　　　　销货单位（章）：

上海市增值税专用发票
抵扣联

№. 02576423

开票日期：2012 年 12 月 10 日

<table>
<tr><td rowspan="4">购货单位</td><td colspan="5">名　　称：北京鑫顺股份有限公司</td><td rowspan="4">密码区</td><td colspan="3" rowspan="4">（略）</td></tr>
<tr><td colspan="5">纳税人识别号：110010656578543</td></tr>
<tr><td colspan="5">地 址、电 话：北京市通朝路 145 号 010－47824567</td></tr>
<tr><td colspan="5">开户行及账号：工行北京朝阳支行 7780802387436</td></tr>
<tr><td colspan="2">货物及应税劳务名称</td><td>规格型号</td><td>单位</td><td>数量</td><td>单价</td><td colspan="2">金额</td><td>税率</td><td>税额</td></tr>
<tr><td colspan="2">原材料</td><td></td><td>千克</td><td>1 000</td><td>40</td><td colspan="2">40 000</td><td>17%</td><td>6 800</td></tr>
<tr><td colspan="2">合　　计</td><td></td><td></td><td></td><td></td><td colspan="2">¥40 000</td><td></td><td>¥6 800</td></tr>
<tr><td colspan="2">价税合计（大写）</td><td colspan="8">⊗肆万陆仟捌佰元整　　　　（小写）¥46 800.00</td></tr>
<tr><td rowspan="4">销货单位</td><td colspan="5">名　　称：上海科技有限公司</td><td rowspan="4">备注</td><td colspan="3" rowspan="4"></td></tr>
<tr><td colspan="5">纳税人识别号：442645523763542</td></tr>
<tr><td colspan="5">地 址、电 话：上海浦东路 122 号　021－25639876</td></tr>
<tr><td colspan="5">开户行及账号：工行浦东支行　235647851243680014</td></tr>
</table>

第二联 抵扣联 购货方扣税凭证

收款人：　　　　复核：　　　　开票人：马晟　　　　销货单位（章）：

材料入库单

2012 年 12 月 10 日

供应单位	材料名称	计量单位	数量		实际成本				计划成本		材料成本差异
			应收	实收	单位实际成本	金额	运费	合计	单位计划成本	金额	
上海科技有限公司	原材料	千克	1 000	1 000	40.00	40 000.00	0.00	40 000.00			
合　计			1 000	1 000	40.00	40 000.00	0.00	40 000.00			
检验结果：合格					检验员签章：王霞						

仓库主管：杨静　　会计：李丽　　收料员：赵静　　经手人：王聪　　制单：刘昭

ICBC 中国工商银行　电汇凭证(汇款依据)　3

□普通　□加急　委托日期　2012 年 12 月 10 日

付款人	名称	北京鑫顺股份有限公司	收款人	名称	上海科技有限公司
	账号	7780802387436		账号	235647851243680014
	汇出地点	北京		汇入地点	上海
汇出行名称		工行北京朝阳支行	汇入行名称		工行浦东支行

金额	人民币(大写)	亿	千	百	十	万	千	百	十	元	角	分
	肆万柒仟柒佰元整				¥	4	7	7	0	0	0	0

支付密码	
附加信息及用途： 购买原材料 复核：　记账：	

例 28：2012 年 12 月 11 日，收到增值税发票上注明材料价款 50 000 元，增值税 8 500 元，另支付运费 1 000 元，都用银行汇票支付。收到开户银行转来银行汇票多余款收账通知，通知上填写的多余款为 2 000 元，原材料已验收入库。

借：原材料	50 930	
应交税费——应交增值税(进项税额)	8 570	
银行存款	2 000	
贷：其他货币资金		61 500

信息码：

公路、内河货物运输统一发票

发 票 联

密码：

开票日期：2012 年 12 月 11 日

发票代码：244000521378

发票号码：01446276

机打代码 机打号码 机器编号	233100431122 01446276	税控码	44190026388286 | 北京市地方税务朝阳税务分局 | 8668785
收货人及纳税人识别码	北京鑫顺股份有限公司 110010656578543	承运人及纳税人识别号	中国货运北京有限公司 441900263879397
发货人及纳税人识别码	潍坊市华茂有限公司 336654221879640	主管税务机关及代码	北京市地方税务局朝阳税务分局 8668785
运输项目及金额	货物名称 重量(数量)单位运价 计费里程 金额 材料 1 000.00	其他项目及金额	费用名称 金额 | 备注 （手写无效） 起运地：山东 到达地：北京 承运人盖章
运费小计	¥1 000.00	其他费用小计	
合计(大写)	壹仟元整		（小写）¥1 000.00

承运人盖章： 开票人：

第一联 发票联 付款方记账凭证

山东省增值税专用发票

抵扣联

№. 02577534

开票日期：2012 年 12 月 11 日

购货单位	名 称：北京鑫顺股份有限公司 纳税人识别号：110010656578543 地 址、电 话：北京市通朝路 145 号 010－47824567 开户行及账号：工行北京朝阳支行 7780802387436				密码区	（略）	
货物及应税劳务名称	规格型号	单位	数量	单价	金额	税率	税额
原材料					50 000	17%	8 500
合 计					¥50 000		¥8 500
价税合计(大写)	⊗伍万捌仟伍佰元整				（小写）¥58 500.00		
销货单位	名 称：潍坊市华茂有限公司 纳税人识别号：336654221879640 地 址、电 话：山东省潍坊市开发区 112 号 0536－6325844 开户行及账号：工行潍坊支行 782838485689				备注		

收款人： 复核： 开票人：唐轩 销货单位(章)：

第二联 抵扣联 购货方扣税凭证

山东省增值税专用发票

发票联

№.02577534

开票日期：2012 年 12 月 11 日

购货单位	名　　称：北京鑫顺股份有限公司 纳税人识别号：110010656578543 地 址、电 话：北京市通朝路 145 号 010－47824567 开户行及账号：工行北京朝阳支行 7780802387436				密码区	（略）	
货物及应税劳务名称	规格型号	单位	数量	单价	金额	税率	税额
原材料					50 000	17%	8 500
合　计					¥50 000		¥8 500
价税合计（大写）	⊗伍万捌仟伍佰元整				（小写）¥58 500.00		
销货单位	名　　称：潍坊市华茂有限公司 纳税人识别号：336654221879640 地 址、电 话：山东省潍坊市开发区 112 号 0536－6325844 开户行及账号：工行潍坊支行　782838485689				备注		

第一联 发票联 购货方记账凭证

收款人：　　复核：　　开票人：唐轩　　销货单位（章）：

材料入库单

2012 年 12 月 11 日

供应单位	材料名称	计量单位	数量		实际成本				计划成本		材料成本差异
			应收	实收	单位实际成本	金额	运费	合计	单位计划成本	金额	
山东省潍坊市华茂有限公司	原材料	千克				50 000.00	0.00	50 000.00			
合　计						50 000.00	0.00	50 000.00			
检验结果：合格：						检验员签章：王霞					

仓库主管：杨静　　会计：李丽　　收料员：赵静　　经手人：王聪　　制单：刘昭

付款期限 一个月

中国工商银行 4

银行汇票(多余款收账通知)

出票日期（大写）	贰零壹贰年壹拾贰月壹拾壹日	代理付款行：工行	行号：23452
收款人	山东省潍坊市华茂有限公司	账户	782838485689
出票金额	人民币（大写）陆万壹仟伍佰元整		

实际结算金额	百	十	万	千	百	十	元	角	分
人民币（大写）伍万玖仟伍佰元整		¥	5	9	5	0	0	0	0

申请人：北京鑫顺股份有限公司 账号：7780802387436

出票行：工行朝阳支行 行号

备注：

出票行签章

2012 年 12 月 11 日

密码：

多余金额						
万	千	百	十	元	角	分
¥	2	0	0	0	0	0

左列退回多余金额已收入你账户内

此联出票行结清多余款后交申请人

例 29：2012 年 12 月 11 日，鑫顺公司仓库管理员发现甲材料毁损 18 千克，每千克 10 元。

借：待处理财产损溢——待处理流动资产损溢 180

贷：原材料 180

附：

存货盘点报告单

编制部门：仓库 2012 年 12 月 11 日 金额单位：元

存货名称	计量单位	数量		单位计划成本	盘盈		盘亏		原因
		账存	实存		数量	金额	数量	金额	
甲材料	千克	150	132	10.00			18	180.00	待查
合计	–	150	132	10.00			18	180.00	–

会计主管：杨明 会计：李丽 保管员：吴宇

例 30：2012 年 12 月 12 日，经调查上述毁损为人为事故，由责任人李明赔偿原材料款 180 元。

借：其他应收款——李明 180

贷：待处理财产损溢——待处理流动资产损溢 180

存货盘点报告单

编制部门：仓库　　　　2012 年 12 月 11 日　　　　金额单位：元

存货名称	计量单位	数量		单位计划成本	盘盈		盘亏		原因
		账存	实存		数量	金额	数量	金额	
甲材料	千克	150	132	10.00			18	180.00	待查
合计	-	150	132	10.00			18	180.00	-
备注	经查明原材料毁损，因李明工作失误造成，应由李明赔偿材料款 180 元。								

会计主管：杨明　　　　会计：李丽　　　　保管员：吴宇

2. 库存商品

例 31：2012 年 12 月 12 日，鑫顺公司从泰科经济有限公司购买一批甲商品并验收入库，货款 10 000 元，增值税为 1 700 元，已用银行存款支付。

借：库存商品　　10 000

　　应交税费——应交增值税(进项税额)　　1 700

　贷：银行存款　　11 700

河南省增值税专用发票

发票联　　　　№.01466423

开票日期：2012 年 12 月 12 日

购货单位	名　　称：北京鑫顺股份有限公司 纳税人识别号：110010656578543 地 址、电 话：北京市通朝路 145 号 010 - 47824567 开户行及账号：工行北京朝阳支行 7780802387436				密码区	(略)	
货物及应税劳务名称	规格型号	单位	数量	单价	金额	税率	税额
甲商品					10 000	17%	1 700
合　计					¥10 000		¥1 700
价税合计(大写)	⊗壹万壹仟柒佰元整				(小写)¥11 700.00		
销货单位	名　　称：泰科经济有限公司 纳税人识别号：145633456145523 地 址、电 话：郑州开发区 56 号 0371 - 2264316 开户行及账号：工行郑州支行　00424523158796125				备注		

第一联　发票联　购货方记账凭证

收款人：　　复核：　　开票人：蒋正国　　销货单位(章)：

河南省增值税专用发票

抵扣联

№.01466423

开票日期：2012 年 12 月 12 日

购货单位	名　　　称：北京鑫顺股份有限公司 纳税人识别号：110010656578543 地 址、电 话：北京市通朝路 145 号 010 －47824567 开户行及账号：工行北京朝阳支行 7780802387436	密码区	（略）

货物及应税劳务名称	规格型号	单位	数量	单价	金额	税率	税额
甲商品					10 000	17%	1 700
合　计					¥10 000		¥1 700
价税合计(大写)	⊗壹万壹仟柒佰元整				（小写）¥11 700.00		

销货单位	名　　　称：泰科经济有限公司 纳税人识别号：145633456145523 地 址、电 话：郑州开发区 56 号 0371 －2264316 开户行及账号：工行郑州支行　00424523158796125	备注	

收款人：　　　复核：　　　开票人：蒋正国　　　销货单位(章)：

第二联 抵扣联 购货方扣税凭证

入库单

供货单位：泰科经济有限公司

发票号码：　　　　2012 年 12 月 12 日

材料编号	材料名称	规格	单位	数量		单价	金额
				应收	实收		
001	甲商品		箱	100	100	100	10 000.00
合计				100	100	100	10 000.00

仓库主管：杨静　　　记账：王华　　　仓库保管：吴宇　　　经办人：赵静

中国工商银行 **现金支票存根**（京）
$\frac{B}{0}\frac{E}{2}$ **34567348**
附加信息
出票日期　2012 年 12 月 12 日
收款人：泰科经济有限公司
金　额：¥11 700.00
用　途：支付货款
单位主管：罗萧　　　会计：李丽

例 32：2012 年 12 月 12 日，鑫顺公司在盘点过程中盘盈价值 4 000 元的库存商品。

借：库存商品　　4 000

　　贷：管理费用　　4 000

库存商品盘点报告表

部门：成品库　　　　2012 年 12 月 12 日　　　　单位：元

存货类别	库存商品名称	计量单位	盘盈		盘亏		毁损		备注
			数量	金额	数量	金额	数量	金额	
	乙商品		200	4 000.00					
处理意见	使用部门			清查小组			审批部门		

部门负责人：杨洋　　　　记账：王华　　　　制单：刘昭

例 33：2012 年 12 月 12 日，鑫顺公司 6 月份销售的一批价值 117 000 元的商品，由于购货方发生财务困难，无法按合同规定偿还债务，经双方协议，鑫顺股份有限公司同意购货方用产品抵偿该应收账款，用于抵偿的产品市价为 80 000 元，增值税率为 17%。

借：库存商品　　80 000

　　应交税费——应交税费（进项税额）　　13 600

　　营业外支出　　23 400

　　贷：应收账款　　117 000

记账特殊附件

沈阳科技有限公司欠我公司 117 000 元无法偿还。经协商，同意以其产品抵偿债务。该产品市价 80 000 元。

单位主管：罗萧

辽宁省增值税专用发票
发票联

№. 01542375

开票日期：2012 年 12 月 12 日

购货单位	名　　称：北京鑫顺股份有限公司 纳税人识别号：110010656578543 地 址、电 话：北京市通朝路 145 号 010－47824567 开户行及账号：工行北京朝阳支行 7780802387436				密码区	（略）	
货物及应税劳务名称	规格型号	单位	数量	单价	金额	税率	税额
产品					80 000	17%	13 600
合　计					￥80 000		￥13 600
价税合计（大写）	⊗玖万叁仟陆佰元整				（小写）￥93 600. 00		
销货单位	名　　称：沈阳科技有限公司 纳税人识别号：456334562345387 地 址、电 话：沈阳开发区 56 号 024－23658796 开户行及账号：工行沈阳支行　6666452315825786				备注		

收款人：　　　　复核：　　　　开票人：刘一凡　　　　销货单位（章）：

第一联　发票联　购货方记账凭证

辽宁省增值税专用发票
抵扣联

№.01542375

开票日期：2012 年 12 月 12 日

购货单位	名　　称：北京鑫顺股份有限公司 纳税人识别号：110010656578543 地 址、电 话：北京市通朝路 145 号 010－47824567 开户行及账号：工行北京朝阳支行 7780802387436				密码区	（略）	
货物及应税劳务名称	规格型号	单位	数量	单价	金额	税率	税额
产品					80 000	17%	13 600
合　计					¥80 000		¥13 600
价税合计（大写）	⊗玖万叁仟陆佰元整				（小写）¥93 600.00		
销货单位	名　　称：沈阳科技有限公司 纳税人识别号：456334562345387 地 址、电 话：沈阳开发区 56 号 024－23658796 开户行及账号：工行沈阳支行　6666452315825786				备注		

第二联　抵扣联　购货方扣税凭证

收款人：　　　　复核：　　　　开票人：刘一凡　　　　销货单位（章）：

入库单

供货单位：沈阳科技有限公司

发票号码：　　　　2012 年 12 月 12 日

材料编号	材料名称	规格	单位	数量		单价	金额
				应收	实收		
	产品		件	2 000	2 000	40	80 000.00
合计				2 000	2 000	40	80 000.00

仓库主管：杨静　　　　记账：王华　　　　仓库保管：吴宇　　　　经办人：赵静

3. 周转材料

例 34：2012 年 12 月 12 日，鑫顺公司购入一批周转材料，实际成本为 5 000 元，增值税额为 850 元，款项已通过银行存款支付。

借：周转材料　　5 000

　　应交税费——应交增值税（进项税额）　　850

　　贷：银行存款　　5 850

北京市增值税专用发票

发票联

№.01542375

开票日期：2012 年 12 月 12 日

购货单位	名称：北京鑫顺股份有限公司 纳税人识别号：110010656578543 地址、电话：北京市通朝路 145 号 010－47824567 开户行及账号：工行北京朝阳支行 7780802387436				密码区	（略）	
货物及应税劳务名称	规格型号	单位	数量	单价	金额	税率	税额
周转材料					5 000	17%	850
合计					¥5 000		¥850
价税合计（大写）	⊗伍仟捌佰伍拾元整				（小写）¥5 850.00		
销货单位	名称：北京红太阳有限公司 纳税人识别号：124532172547814 地址、电话：北京大兴开发区 56 号 010－26487626 开户行及账号：工行大兴支行 0001452315825786				备注		

收款人： 复核： 开票人：康文博 销货单位（章）：

第一联 发票联 购货方记账凭证

北京市增值税专用发票

抵扣联

№.01542375

开票日期：2012 年 12 月 12 日

购货单位	名称：北京鑫顺股份有限公司 纳税人识别号：110010656578543 地址、电话：北京市通朝路 145 号 010－47824567 开户行及账号：工行北京朝阳支行 7780802387436				密码区	（略）	
货物及应税劳务名称	规格型号	单位	数量	单价	金额	税率	税额
周转材料					5 000	17%	850
合计					¥5 000		¥850
价税合计（大写）	⊗伍仟捌佰伍拾元整				（小写）¥5 850.00		
销货单位	名称：北京红太阳有限公司 纳税人识别号：124532172547814 地址、电话：北京大兴开发区 56 号 010－26487626 开户行及账号：工行大兴支行 0001452315825786				备注		

收款人： 复核： 开票人：康文博 销货单位（章）：

第二联 抵扣联 购货方扣税凭证

入库单

供货单位：北京红太阳有限公司

发票号码：　　　　　　　　　　2012 年 12 月 12 日

材料编号	材料名称	规格	单位	数量		单价	金额
				应收	实收		
	周转材料		包	100	100	50	5 000.00
合计				100	100	50	5 000.00

仓库主管：杨静　　　　记账：王华　　　　仓库保管：吴宇　　　　经办人：赵静

中国工商银行
现金支票存根（京）

$\frac{B}{0}\frac{E}{2}$ **15763626**

附加信息

出票日期　2012 年 12 月 12 日

收款人：	北京红太阳有限公司
金　额：	￥5 850.00
用　途：	购买周转材料

单位主管：罗萧　　　会计：李丽

例 35：2012 年 12 月 12 日，鑫顺公司的管理部门领用了 3 000 元的包装物，采用一次摊销法。

借：管理费用　　　　3 000

　　贷：周转材料——包装物　　　　3 000

领料单

编号：20111212

编制部门：仓库　　2012年12月12日　　金额单位：元

用途	材料名称	数量(个)		实际成本		领用部门
		请领	实领	单位实际成本	金额	
包装	包装物	100	100	30.00	3 000.00	管理部门
合计	-	100	100	30.00	3 000.00	-

仓库主管：杨静　　会计：李丽　　保管员：吴宇　　领料人：李华　　制单：刘昭

摊销低值易耗品计算单

编制部门：财务部　　2012年12月12日　　金额单位：元

用途	材料名称	数量(个)	实际成本	摊销金额	领用部门
包装	包装物	100	3 000.00	3 000.00	管理部门
合计	-	100	3 000.00	3 000.00	-

仓库主管：杨静　　会计：李丽　　保管员：吴宇　　领料人：李华　　制单：刘昭

二、非流动资产

(一)可供出售金融资产

例36：2012年12月12日，鑫顺公司从二级市场购入股票上海机场20 000股，每股市价15元，手续费600元，初始确认时，该股票划分为可供出售金融资产。

借：可供出售金融资产——成本　　300 600

　　贷：银行存款　　300 600

12/12/12　　**成交过户交割单**　　证券买入

项目	内容	项目	内容
股东编号： 电脑编号： 公司代码：	A600062(存) 0023 600009	成交证券： 成交数量： 成交价格：	上海机场 20 000(股) 15元
申报编号： 申报时间： 成交时间：	0013 10：22：31 10：46：26	成交金额： 标准佣金： 过户费用：	300 000 400 200
上次余额： 本次成交： 本次余额： 本次库存：	0(股) 20 000(股) 20 000(股) 20 000(股)	印花税： 应付金额： 附加费用： 实付金额：	 300 600 300 600

经办单位：上海证券公司　　客户签章：

中国工商银行（京）
现金支票存根

$\frac{B}{0}\frac{E}{2}$ **15763628**

附加信息________

____

____

____

出票日期　2012 年 12 月 12 日

收款人：	上海国际机场股份有限公司
金　额：	¥300 600.00
用　途：	购买股票

单位主管：罗萧　　　会计：李丽

例 37：2012 年 12 月 14 日，股票上海机场的公允价值为 320 000 元，应确认的公允价值变动 19 400 元。

借：可供出售金融资产——公允价值变动　　19 400

　　贷：资本公积——其他资本公积　　19 400

可供出售金融资产明细简表

编制部门：财务部　　　　2012 年 12 月 14 日

名称	存放地点	购入时间	购入份额	购入时每份价格	手续费
上海机场	上海证券公司	2012. 12. 12	20 000. 00	15. 00	600
分红方案	应收分红	确认时间	确认公允价值变动	确认时每份价格	其他
		2012. 12. 14	19 400. 00	16. 00	

制单：赵景　　　　审核：李丽

(二)持有至到期投资

例 38：2012 年 12 月 14 日，鑫顺公司将持有的上海贸易公司面值 21 000 元，票面利率为 5%，实际利率为 6% 的债券出售，该投资未计提减值准备。

借：银行存款　　21 200

　　贷：持有至到期投资——利息调整　　1 000

　　　　持有至到期投资——成本　　20 000

　　　　投资收益　　200

工商银行电子汇兑系统转账收款通知

发起行	行号	×××	发报2012年12月13日	接收行	行号	×××	收报2012年12月14日
	行名	工行上海支行			行名	工商银行朝阳分理处	
付款人	名称	上海证券公司		收款人	名称	北京鑫顺股份有限公司	
	账号	124512478458952525			账号	7780802387436	
	开户号	工行上海支行			开户行	工商银行朝阳分理处	
金额人民币：贰万壹仟贰佰元整 ¥21 200.00							
用余摘要：出售债券							
备注： 业务种类：汇兑 复核： 经办： 核押：				银行盖章： 2012年12月14日			

（三）长期股权投资

例39：2012年12月14日，鑫顺公司购买B公司发行的股票10 000股准备长期持有，从而拥有其3%的股份。每股买入价位5元，每股价格中包含0.2元的已宣告发放的现金股利。另外，购买该股票时发生有关税费1 700元。

借：长期股权投资 49 700
　　应收股利 2 000
　　贷：银行存款 51 700

14/12/12 **成交过户交割单** 证券买入

股东编号	A600062	成交证券	B公司
电脑编号	0023	成交数量	10 000
公司名称	××××××	成交价格	5元
申报编号	201	成交金额	50 000
申报时间	11：09：09	佣金	
成交实际	11：11：12	过户费	1 700
上次余额	0(股)	印花税	
本次成交	51 700	应收金额	2 000
本次余额	51 700	附加费用	
本次库存	51 700	实付金额	51 700

经办单位：上海证券公司 客户签章：

<table>
<tr><td colspan="2">中国工商银行(京)
现金支票存根
B/0 E/2 15763628

附加信息

出票日期 2012 年 12 月 14 日</td></tr>
<tr><td colspan="2">收款人：B 公司</td></tr>
<tr><td colspan="2">金　额：¥51 700.00</td></tr>
<tr><td colspan="2">用　途：购买股票</td></tr>
<tr><td>单位主管：罗萧</td><td>会计：李丽</td></tr>
</table>

例 40：2012 年 12 月 16 日，鑫顺公司将作为长期股权投资的某公司的股票 10 000 股，以每股 10 元的价格出售(该股票购入价为每股 8 元)，取得不含税销售收入 99 000 元，该长期股权投资的账面价值为 90 000 元，未计提减值准备。款项收到存入银行。

借：银行存款　　99 000

　　贷：长期股权投资　　90 000

　　　　投资收益　　9 000

工商银行电子汇兑系统转账收款通知

<table>
<tr><td rowspan="2">发起行</td><td>行号</td><td>×××</td><td>发报 2012 年 12 月 15 日</td><td rowspan="2">接收行</td><td>行号</td><td>×××</td><td>收报 2012 年 12 月 16 日</td></tr>
<tr><td>行名</td><td colspan="2">工行海淀支行</td><td>行名</td><td colspan="2">工商银行朝阳分理处</td></tr>
<tr><td rowspan="3">付款人</td><td>名称</td><td colspan="2">北京证券公司</td><td rowspan="3">收款人</td><td>名称</td><td colspan="2">北京鑫顺股份有限公司</td></tr>
<tr><td>账号</td><td colspan="2">66547821321484715</td><td>账号</td><td colspan="2">7780802387436</td></tr>
<tr><td>开户号</td><td colspan="2">工行海淀支行</td><td>开户行</td><td colspan="2">工商银行朝阳分理处</td></tr>
<tr><td colspan="8">金额人民币：玖万玖仟元整　　¥99 000.00</td></tr>
<tr><td colspan="8">用余摘要：出售债券</td></tr>
<tr><td colspan="4">备注：
业务种类：汇兑

复核：　　经办：　　核押：</td><td colspan="4">银行盖章：

2012 年 12 月 16 日</td></tr>
</table>

(四)投资性房地产

例 41：2012 年 12 月 16 日，鑫顺公司将其自用的原值为 300 000 元的 A 建筑物用来出租，已计提折旧60 000元，已计提固定资产减值准备15 000元，采用成本模式计量投资性房地产。

借：投资性房地产　300 000
　　累计折旧　60 000
　　固定资产减值准备　15 000
　　贷：固定资产　300 000
　　　　投资性房地产累计折旧　60 000
　　　　投资性房地产减值准备　15 000

出租固定资产明细简表（成本模式）

2012年12月16日

固定资产名称	投资性房地产			固定资产		
	投资性房地产	已提折旧	已提减值准备	固定资产	已提折旧	已提减值准备
建筑物A	300 000	60 000	15 000	300 000	60 000	15 000

制单：赵景　　审核：李丽

例42：2012年12月16日，鑫顺公司将出租在外的厂房收回自用，原价为256 000元，已计提折旧50 000元，该建造物转换日的公允价值为198 000元，采用公允价值模式计量投资性房地产。

借：固定资产　256 000
　　投资性房地产累计折旧　50 000
　　贷：投资性房地产　256 000
　　　　累计折旧　50 000

出租固定资产明细简表（成本模式）

2012年12月16日

固定资产名称	投资性房地产			固定资产			
	投资性房地产	已提折旧	已提减值准备	固定资产	已提折旧	已提减值准备	资本公积
建筑物B	256 000	50 000		256 000	50 000		

制单：赵景　　审核：李丽

（五）固定资产

例43：2012年12月16日，鑫顺公司购入一台无需安装的生产设备，增值税专用发票注明价款70 000元，增值税为11 900元，支付运费4 000元，款项已通过银行存款支付。

借：固定资产　73 720
　　应交税费——应交增值税（进项税额）　12 180
　　贷：银行存款　85 900

北京市增值税专用发票
发票联

№.00534821

开票日期：2012 年 12 月 16 日

购货单位	名　　称：北京鑫顺股份有限公司 纳税人识别号：110010656578543 地 址、电 话：北京市通朝路 145 号 010－47824567 开户行及账号：工行北京朝阳支行 7780802387436					密码区	（略）
货物及应税劳务名称	规格型号	单位	数量	单价	金额	税率	税额
生产设备		台	1	70 000	70 000	17%	11 900
合　计					￥70 000		￥11 900
价税合计（大写）	⊗捌万壹仟玖佰元整				（小写）￥81 900.00		
销货单位	名　　称：北京中澳股份有限公司 纳税人识别号：221452103154684 地 址、电 话：北京密云开发区 22 号 010－86958451 开户行及账号：工行密云支行　5487612489754123					备注	

收款人：　　复核：　　开票人：朱飞　　销货单位（章）：

第一联　发票联　购货方记账凭证

北京市增值税专用发票
抵扣联

№.00534821

开票日期：2012 年 12 月 16 日

购货单位	名　　称：北京鑫顺股份有限公司 纳税人识别号：110010656578543 地 址、电 话：北京市通朝路 145 号 010－47824567 开户行及账号：工行北京朝阳支行 7780802387436					密码区	（略）
货物及应税劳务名称	规格型号	单位	数量	单价	金额	税率	税额
生产设备		台	1	70 000	70 000	17%	11 900
合　计					￥70 000		￥11 900
价税合计（大写）	⊗捌万壹仟玖佰元整				（小写）￥81 900.00		
销货单位	名　　称：北京中澳股份有限公司 纳税人识别号：221452103154684 地 址、电 话：北京密云开发区 22 号 010－86958451 开户行及账号：工行密云支行　5487612489754123					备注	

收款人：　　复核：　　开票人：朱飞　　销货单位（章）：

第二联　抵扣联　购货方扣税凭证

信息码：

密码：

开票日期：2012 年 12 月 16 日

公路、内河货物运输统一发票

发 票 联

发票代码：244000525468

发票号码：01425467

机打代码 机打号码 机器编号	112322541314 01425467	税控码	441900263879397 | 北京市地方税务朝阳税务分局 | 8668785
收货人及纳税人识别码	北京鑫顺股份有限公司 110010656578543	承运人及纳税人识别号	中国货运北京有限公司 441900263879397
发货人及纳税人识别码	北京中澳股份有限公司 221452103154684	主管税务机关及代码	北京市地方税务局朝阳税务分局 8668785
运输项目及金额	货物名称 重量(数量)单位运价 计费里程 金额 生产设备 4 000.00	其他项目及金额	费用名称 金额 | 备注 (手写无效) 起运地：北京 到达地：北京 承运人盖章
运费小计	￥4 000.00	其他费用小计	
合计(大写)	肆仟元整		(小写)￥4 000.00

承运人盖章：　　　　开票人：

第一联 发票联 付款方记账凭证

中国工商银行(京)
现金支票存根

$\frac{B}{0}\frac{E}{2}$ **14272523**

附加信息

出票日期 2012 年 12 月 16 日

收款人：	北京中澳股份有限公司
金　额：	￥85 900.00
用　途：	购买生产设备

单位主管：罗萧　　会计：李丽

固定资产验收单

编号：11－321

设备名称	机器设备	出厂编号	z3y3003652
型号(规格)	hv3－2123TX	原值	(1台)
生产厂家	北京中澳股份有限公司	购入时间	2012年12月16日
主要技术参数：略			
随机附件及数量：略			
随机资料：略			
设备安装调试情况：安装调试完成			
设备验收结论：合格			
参加验收人员：杨静　刘昭　赵静			
备注：			
保管部门签名：张晓　日期：2012年12月16日			
使用部门签名：陈宏　日期：2012年12月16日			

注：一式三份，生产管理部门一份，使用部门一份，生产厂家一份。

例44：2012年12月17日，鑫顺公司报废一台打印机，原价2 850元，已计提折旧1 320元，残料收入75元(收现金)。

(1)将报废固定资产转入清理时：

借：固定资产清理	1 530	
累计折旧	1 320	
贷：固定资产		2 850

(2)收回残料收入：

借：库存现金	75	
贷：固定资产清理		75

(3)结转报废固定资产发生的净损失：

借：营业外支出——非流动资产处置损失	1 455	
贷：固定资产清理		1 455

固定资产报废单

填报企业：北京鑫顺股份有限公司　　2012 年 12 月 17 日　　固废字(1)

<table>
<tr><td rowspan="7">使用部门</td><td>设备编号</td><td>统一</td><td></td><td>本厂</td><td></td><td>复杂系统</td><td></td><td></td></tr>
<tr><td>设备名称</td><td colspan="4">打印机</td><td>使用日期</td><td colspan="2">2009 年 9 月 15 日</td></tr>
<tr><td>型号规格</td><td colspan="4">AM</td><td>原值</td><td colspan="2">2 850 元</td></tr>
<tr><td>设备隶级</td><td colspan="4"></td><td>全部使用年限</td><td colspan="2">3 年</td></tr>
<tr><td>设备类级</td><td colspan="4">类级</td><td>已使用年限</td><td colspan="2">30 个月</td></tr>
<tr><td>制造厂(国别)</td><td colspan="4"></td><td>使用部门</td><td colspan="2">公司管理部</td></tr>
<tr><td>设备现状及报废原因</td><td colspan="7">不能正常使用，报废。
主管：杨明　　设备员：</td></tr>
<tr><td rowspan="3">主管部门</td><td>设备管理意见</td><td colspan="7">设备管理员：张炬</td></tr>
<tr><td>负责人意见</td><td colspan="7">同意报废。
主管：杨明</td></tr>
<tr><td>报废后处理意见</td><td colspan="7"></td></tr>
<tr><td rowspan="2">财务部</td><td>折旧</td><td colspan="4">1 320 元</td><td>净值</td><td colspan="2">1 530 元</td></tr>
<tr><td>财务部意见</td><td colspan="7">同意报废。
主管：杨明　　经办人：李冬娴</td></tr>
<tr><td colspan="2">企业负责人</td><td colspan="7">同意报废。
主管：杨刚</td></tr>
<tr><td colspan="2" rowspan="2">上级机关审核</td><td colspan="4">北京朝阳管理员</td><td colspan="3"></td></tr>
<tr><td colspan="7"></td></tr>
</table>

第二联　财务部门

报废日期：2012 年 12 月 17 日

收　　据

2012 年 12 月 17 日　　No. 023018

今收到	废品回收公司
交　来	打印机报废收入
人民币（大写）	柒拾伍元整　　¥75.00

第二联　记账联

收款人：李冬娴　　交款人：

固定资产清理损益计算表

2012 年 12 月 17 日

项目	金额(元)	备注
固定资产原值	2 850	
减：累计折旧	1 320	
固定资产净值	1 530	
减变现收入	75	
加：清理费用		
固定资产清理净损失 (负数为净收益)	1 455	

制单：赵景　　　　　　　　　　审核：李丽

例 45：2012 年 12 月 17 日，鑫顺公司购买小汽车 1 辆，用银行存款支付了 292 500 元。

借：固定资产　　250 000

　　应交税费——应交增值税(进项税额)　　42 500

　　贷：银行存款　　292 500

机动车销售统一发票
发票联

发票代码：110574931143

日期：2012 年 12 月 17 日　　　　发票号码：0074291

<table>
<tr><td colspan="2">购货单位(人)</td><td colspan="3">北京鑫顺股份有限公司</td><td colspan="4">身份证号码/组织机构代码</td><td colspan="2"></td></tr>
<tr><td colspan="2">车辆类型</td><td></td><td colspan="2">厂牌型号</td><td colspan="4"></td><td>产地</td><td></td></tr>
<tr><td colspan="2">合格证号</td><td></td><td colspan="2">进口证明书号</td><td colspan="4"></td><td>商检单号</td><td></td></tr>
<tr><td colspan="2">发动机号码</td><td colspan="3"></td><td colspan="4">车架号码/车辆识别代码</td><td colspan="2"></td></tr>
<tr><td>数量</td><td>壹</td><td>单价</td><td colspan="6">250 000. 00</td><td>合同单号</td><td></td></tr>
<tr><td rowspan="2">价外费用</td><td>名称</td><td colspan="3">应交税费</td><td colspan="4">费</td><td colspan="2">费</td></tr>
<tr><td>金额</td><td></td><td colspan="2">42 500. 00</td><td colspan="2"></td><td colspan="2"></td><td></td><td></td></tr>
<tr><td colspan="2">价费合计金额</td><td colspan="7">(大写)贰拾玖万贰仟伍佰元整</td><td colspan="2">¥292 500. 00</td></tr>
<tr><td colspan="2">销货单位名称</td><td colspan="2"></td><td colspan="3">地址</td><td colspan="2"></td><td>电话</td><td></td></tr>
<tr><td colspan="2">纳税人识别码</td><td colspan="2"></td><td colspan="3">开户银行</td><td colspan="2"></td><td>账号</td><td></td></tr>
<tr><td colspan="2">备注</td><td colspan="4">一车一票，机用发标手开无效</td><td colspan="2">审核单位
(盖章)</td><td colspan="3"></td></tr>
</table>

第一联　发票联

销货单位(章)　　　　　　开票人：　　　　　　收款人：

中国工商银行转账支票存根（京）
$\frac{B}{0}\frac{E}{2}$ 15763626
附加信息
出票日期 2012 年 12 月 17 日
收款人：北京现代汽贸公司
金　额：¥292 500.00
用　途：购买小汽车
单位主管：罗萧　　会计：李丽

（六）无形资产

例 46：2012 年 12 月 17 日，鑫顺公司购入一项专利技术，以银行存款支付买价 80 000 元，律师费用 5 000 元。

借：无形资产——专利权　　85 000

　　贷：银行存款　　85 000

中国工商银行转账支票存根（京）
$\frac{B}{0}\frac{E}{2}$ 13563425
附加信息
出票日期 2012 年 12 月 17 日
收款人：上海科贸有限公司
金　额：¥80 000.00
用　途：购买专利权
单位主管：罗萧　　会计：李丽

中国工商银行（京）
转账支票存根

$\frac{B}{0}\frac{E}{2}$ **14763628**

附加信息______________________

____

____

____

出票日期　2012 年 12 月 17 日

收款人：	北京中信律师所
金　额：	￥5 000.00
用　途：	购买小汽车

单位主管：罗萧　　　会计：李丽

「机打票号」与「信息码」和「发票号码」必须一致，否则无效

北京市交通运输业、建筑业、销售不动产和转让无形资产专用发票

BEIJING SPECIAL INVOICE FPR SERVICE INDUSTRY ENTERTAINMENT INDUSTRY AND PHYSICAL CULTURE INDUSTRY

发　票　联
INVOICE

发票代码 INVOICE CODE 211000672236
发票号码 INVOICE NO 2044451
密　　码 PASSWORD [redacted]
信息码 INF NUMBER 2014060205

54067214-01018639-70885015

税务登记号：310112880202044
TAX REGISTRY NO

收款单位：上海科贸有限公司
PAYEE

付款单位（个人）：北京鑫顺股份有限公司
PAYER

经营项目 Service item		金额 Amount charged
专利权		￥80 000.00
金额合计（人民币大写）Total amount (in letters)	捌万元整	
机打票号 Printing No.	20444511	税控装置号 Receiver No. 1000005511455
税控装置防伪码 Anti-forgery Code.	6078212552	开票日期 Date issued 2012－12－17

一 发票联

收款单位（盖章有效）　Payee (seal)

税控机打发票手开无效　Printed by receiver, hand-writing invalid

「机打票号」与「信息码」和「发票号码」必须一致，否则无效

北京市服务业、娱乐业、文化体育业专用发票

BEIJING SPECIAL INVOICE FPR SERVICE INDUSTRY ENTERTAINMENT INDUSTRY AND PHYSICAL CULTURE INDUSTRY

发 票 联

INVOICE

发票代码 INVOICE CODE 211000672162

发票号码 INVOICE NO 03685264

密 码 PASSWORD [redacted]

信息码 INF NUMBER 2014060205

54067214-01018639-70885015

税务登记号：110110880202031
TAX REGISTRY NO

收款单位：北京中信律师所
PAYEE

付款单位(个人)：北京鑫顺股份有限公司
PAYER

项 目 Item	单 价 UNIT PRICE	数 量 QUANTITY	金 额 Amount charged
律师费	5 000.00		5 000.00
小写合计 TOTAL IN FIGURES	¥5 000.00		
大写合计 TOTAL IN CAPITAL	伍仟元整		

一 发票联

机打号码 Printed No. 03685264 收款员 Cashier

机器编码 Machine No. 008510220901 开票日期 Date issued 2012/12/17

税控码 Tax control No. 1009 1935 9417 4607 5884 收款单位(盖章有效) Payee(seal)

税控机打发票手开无效 Printed by receiver, hand-writing invalid

(七)长期待摊费用

例 47：2012 年 12 月 17 日，鑫顺公司对租入的办公用房进行改良，共发生改良支出 200 000 元。

借：长期待摊费用 200 000

贷：银行存款 200 000

中国工商银行(京)
转账支票存根

$\frac{B}{0}\ \frac{E}{2}$ **25413147**

附加信息

出票日期 2012 年 12 月 17 日

收款人：	北京华尔装修公司
金 额：	¥20 000.00
用 途：	房屋改良

单位主管：罗萧 会计：李丽

三、流动负债

(一)短期借款

例48：2012年12月17日，鑫顺公司取得150 000元的短期借款，利率为6%。

借：银行存款　　150 000

　　贷：短期借款　　150 000

借款借据(入账通知)

借款日期：2012年12月17日　　借据编号：20111217960

<table>
<tr><td rowspan="3">收款单位</td><td>全称</td><td>北京鑫顺股份有限公司</td><td rowspan="3">借款单位</td><td>全称</td><td colspan="10">中国工商银行朝阳分理处</td></tr>
<tr><td>开户银行</td><td>工商行朝阳分理处</td><td>放款户银行</td><td colspan="10">朝阳分理处</td></tr>
<tr><td>开户账号</td><td>7780802387436</td><td>放款户账号</td><td colspan="10">778×××××</td></tr>
<tr><td rowspan="2" colspan="2">借款金额</td><td rowspan="2" colspan="3">人民币(大写)壹拾伍万元整</td><td>千</td><td>百</td><td>十</td><td>万</td><td>仟</td><td>百</td><td>十</td><td>元</td><td>角</td><td>分</td></tr>
<tr><td></td><td>¥</td><td>1</td><td>5</td><td>0</td><td>0</td><td>0</td><td>0</td><td>0</td><td>0</td></tr>
<tr><td colspan="2">借款原因及用途</td><td></td><td colspan="2">借款计划指标</td><td colspan="10">150 000元</td></tr>
</table>

<table>
<tr><td colspan="3">借款期限</td><td rowspan="5">你单位上列借款，已转入你单位结算户内。借款到期时由我行按期自你单位结算户内转还。

2012年12月17日
(银行盖章)</td></tr>
<tr><td>期次</td><td>计划还款日期</td><td>计划还款金额</td></tr>
<tr><td>1</td><td>2013.6.16</td><td>150 000</td></tr>
<tr><td>2</td><td></td><td></td></tr>
<tr><td>3</td><td></td><td></td></tr>
<tr><td>备注</td><td colspan="2"></td><td></td></tr>
</table>

请借款人认真阅读本合同，尤其带有 * * * 符号的条款，在确认无异议后签署本合同。

工商银行借款合同

(中/短期流动资金贷款)

京银2012年流贷字521431号

借款人：北京鑫顺股份有限公司

住　所：北京市通朝路145号

法定代表人：马致远

贷款人：工商银行北京分行朝阳(支)行

地　址：北京市朝阳路102号

鉴于借款人向贷款人申请流动资金贷款，根据中华人民共和国的有关法律、法规及其他有关规定，借款人与贷款人协商一致，特订立本合同。

第一条　贷款

1.1 币种人民币。

1.2 金额(大写金额)壹拾伍万元整，借款人所欠本金的实际金额以贷款人出具的会计凭证为准。

1.3 期限：6个月(年/月)，自2012年12月17日至2013年6月16日。

1.4 本合同下的贷款仅限于资金周转。借款人不得将本合同项下的贷款挪作他用。

(略)

例 49：2012 年 12 月 18 日，鑫顺公司填制还款凭证，归还流动资金借款 20 000 元，该项借款于本年 7 月 28 日借入，今日到期，利息已经结清。

借：短期借款　　20 000

　　贷：银行存款　　20 000

中国工商银行 特种转账传票

2012 年 12 月 18 日

<table>
<tr><td rowspan="3">汇款单位</td><td>全称</td><td colspan="3">中国工商银行朝阳分理处</td><td rowspan="3">借款单位</td><td>全称</td><td colspan="3">北京鑫顺股份有限公司</td></tr>
<tr><td>账号</td><td colspan="3">778 × × × × ×</td><td>放款户账号</td><td colspan="3">7780802387436</td></tr>
<tr><td>开户银行</td><td>工行朝阳分理处</td><td>行号</td><td>778</td><td>开户银行</td><td>工行朝阳分理处</td><td>行号</td><td>778</td></tr>
<tr><td colspan="2">金额</td><td colspan="5">人民币（大写）贰万元整</td><td colspan="3">亿 仟 百 十 万 仟 百 十 元 角 分
¥ 2 0 0 0 0 0 0</td></tr>
<tr><td colspan="2">原凭证金额</td><td colspan="3"></td><td colspan="2">赔偿金</td><td></td><td colspan="2">借方科目</td></tr>
<tr><td colspan="2">原凭证名称</td><td colspan="3"></td><td colspan="2">号码</td><td></td><td colspan="2">贷方科目</td></tr>
<tr><td colspan="2">转账原因</td><td colspan="3">归还短期借款本金及利息</td><td colspan="2">银行盖章</td><td></td><td colspan="2">会计 复核 记账
制票</td></tr>
</table>

二 企业入库联

（二）应付票据

例 50：2012 年 12 月 18 日，鑫顺公司开出为期三个月的承兑汇票，支付欠兴隆公司 20 000 元的货款。

借：应付账款——兴隆公司　　20 000

　　贷：应付票据　　20 000

银行承兑汇票(存根)　4　42145412

签发日期：贰零壹贰年壹拾贰月壹拾捌日　　　　第　号

收款人	全称	兴隆公司		承兑人申请人	全称	北京鑫顺股份有限公司	
	账号	66412478546112			放款户账号	7780802387436	
	开户银行	工行天津支行	行号 778		开户银行	工行朝阳支行	行号 778

金额	人民币（大写）贰万元整	百	十	万	仟	百	十	元	角	分
			¥	2	0	0	0	0	0	0

汇票到期日	贰零壹叁年零叁月壹拾柒日				
备注：		承兑协议编号	1	交易合同号码	2
		负责：	经办：		

银行承兑汇票

银行承兑汇票的内容：　　　　**编：1**

收款人全称：兴隆公司　　付款人全称：北京鑫顺股份有限公司

开户银行：　招行　　开户银行：　工行

账　号：　66412478546112　　账　号：　7780802387436

汇票号码：42145412　　汇票金额（大写）：贰万元整

签发日期：2012 年 12 月 18 日　　到期日期：2013 年 3 月 17 日

以上汇票承兑银行承兑，承兑申请人（下称申请人）愿遵守《银行结算办法》的规定及下列条款：

一、申请人于汇票到期日前将应付票款足额交存于承兑汇票银行。

二、承兑手续费按票面金额千分之一计算，在银行承兑时一次付清。

三、承兑汇票如发生任何交易纠纷，均由收付双方自行处理，票款于到期前仍按第一条办理不误。

四、承兑汇票到期日，承兑银行凭票无条件支付票款。如到期日之前申请人不能足额交付票款时，承兑银行对不足支付部分的票款转作承兑申请人逾期贷款，并按照有关规定计收罚息。

五、承兑汇票付清后，本协议自动失效。

本协议第一、第二联分别由承兑银行信贷部门和承兑申请人存执，协议副本由银行会计部门存查。

承兑银行：　　（盖章）　　　　承兑申请人：　　（盖章）

订立承兑协议日期：2012 年 12 日 18 日

例 51：2012 年 12 月 18 日，鑫顺公司购入原材料一批，取得的增值税专用发票上注明原材料价款 15 000 元，增值税税额 2 550 元，另付运杂费 600 元，全部款项以商业承兑汇票结算，材料已验收入库。

借：原材料　　15 558

　　应交税费——应交增值税（进项税额）　　2 592

　　贷：应付票据　　18 150

北京市增值税专用发票

发票联

№.02230156

开票日期：2012 年 12 月 18 日

购货单位	名　　称：北京鑫顺股份有限公司 纳税人识别号：110010656578543 地 址、电 话：北京市通朝路 145 号 010－47824567 开户行及账号：工行北京朝阳支行 7780802387436	密码区	（略）

货物及应税劳务名称	规格型号	单位	数量	单价	金额	税率	税额
原材料		千克	200	75	15 000	17%	2 550
合　计					¥15 000		¥2 550
价税合计（大写）	⊗壹万柒仟伍佰伍拾元整				（小写）¥17 550.00		

销货单位	名　　称：北京奥康有限公司 纳税人识别号：00002346554684 地 址、电 话：北京顺义开发区 36 号 010－42638657 开户行及账号：工行顺义支行 2546312789542123	备注	

收款人：　　　复核：　　　开票人：杨惠　　　销货单位（章）：

第一联 发票联 购货方记账凭证

北京市增值税专用发票

抵扣联

№.02230156

开票日期：2012 年 12 月 18 日

购货单位	名　　称：北京鑫顺股份有限公司 纳税人识别号：110010656578543 地 址、电 话：北京市通朝路 145 号 010－47824567 开户行及账号：工行北京朝阳支行 7780802387436	密码区	（略）

货物及应税劳务名称	规格型号	单位	数量	单价	金额	税率	税额
原材料		千克	200	75	15 000	17%	2 550
合　计					¥15 000		¥2 550
价税合计（大写）	⊗壹万柒仟伍佰伍拾元整				（小写）¥17 550.00		

销货单位	名　　称：北京奥康有限公司 纳税人识别号：00002346554684 地 址、电 话：北京顺义开发区 36 号 010－42638657 开户行及账号：工行顺义支行 2546312789542123	备注	

收款人：　　　复核：　　　开票人：杨惠　　　销货单位（章）：

第二联 抵扣联 购货方扣税凭证

材料入库单

2012 年 12 月 18 日

编号	名称	规格	单位	数量		单价	金额	供应单位名称
				应收	实收			
	原材料		千克	200	200	75.00	15 000.00	北京奥康有限公司
合计								

仓库主管：杨静　　会计：李丽　　收料员：赵静　　经手人：王聪　　制单：刘昭

公路、内河货物运输统一发票

发　票　联

信息码：

密　码：

开票日期：2012 年 12 月 18 日

发票代码：112126478932

发票号码：2345621

机打代码 机打号码 机器编号	0023648791 2345621	税控码	441900263879397	北京市地方税务朝阳税务分局	8668785
收货人及纳税人识别码	北京鑫顺股份有限公司 110010656578543	承运人及纳税人识别号	中国货运北京有限公司 441900263879397		
发货人及纳税人识别码		主管税务机关及代码	北京市地方税务局朝阳税务分局 8668785		
运输项目及金额	货物名称 重量(数量)单位运价 计费里程 金额 原材料 600.00	其他项目及金额	费用名称 金额	备注 (手写无效) 起运地：北京 到达地：北京 承运人盖章	
运费小计	¥600.00	其他费用小计			
合计(大写)	陆佰元整		(小写)¥600.00		

第一联 发票联 付款方记账凭证

承运人盖章：　　开票人：

商业承兑汇票(卡片) 1

出票日期（大写） 贰零壹贰年壹拾贰月壹拾捌日

付款人	出票人全称	北京鑫顺股份有限公司	收款人	全称	北京奥康有限公司
	出票人账号	7780802387436		账号	2546312789542123
	付款行全称	工行银行北京市朝阳支行		开户银行	工商银行顺义支行
出票金额		人民币（大写） 壹万捌仟壹佰伍拾元整		亿 千 百 十 万 千 百 十 元 角 分	¥ 1 8 1 5 0 0 0
汇票到期日期（大写）		贰零壹叁年零贰月壹拾柒日	付款人开户行	账号	
交易合同号码		24578		地址	
出票人签章：			备注：		

此联承兑人留存

(三)应付账款

例52：2012年12月18日，鑫顺公司赊购商品一批，货款为40 000元，增值税额为6 800元，增值税专用发票已收到，货物到达。

借：库存商品 40 000

　　应交税费——应交增值税(进项税额) 6 800

　　贷：应付账款 46 800

北京市增值税专用发票

发票联

№.00004821

开票日期：2012年12月18日

购货单位	名　　称：北京鑫顺股份有限公司 纳税人识别号：110010656578543 地 址、电 话：北京市通朝路145号 010－47824567 开户行及账号：工行北京朝阳支行 7780802387436				密码区	(略)	
货物及应税劳务名称	规格型号	单位	数量	单价	金额	税率	税额
商品		件	200	200	40 000	17%	6 800
合　计					¥40 000		¥6 800
价税合计(大写)	⊗肆万陆仟捌佰元整				(小写)¥46 800.00		
销货单位	名　　称：北京星海公司 纳税人识别号：1010452103154684 地 址、电 话：北京房山开发区22号 010－88547851 开户行及账号：工行房山支行　22478145631142				备注		

第一联 发票联 购货方记账凭证

收款人：　　复核：　　开票人：陈晟　　销货单位(章)：

北京市增值税专用发票
抵扣联

№.00004821

开票日期：2012 年 12 月 18 日

购货单位	名　　称：北京鑫顺股份有限公司 纳税人识别号：110010656578543 地 址、电 话：北京市通朝路 145 号 010－47824567 开户行及账号：工行北京朝阳支行 7780802387436				密码区	（略）	
货物及应税劳务名称	规格型号	单位	数量	单价	金额	税率	税额
商品		件	200	200	40 000	17%	6 800
合　　计					¥40 000		¥6 800
价税合计(大写)	⊗肆万陆仟捌佰元整				（小写）¥46 800.00		
销货单位	名　　称：北京星海公司 纳税人识别号：1010452103154684 地 址、电 话：北京房山开发区 22 号 010－88547851 开户行及账号：工行房山支行　22478145631142				备注		

第二联　抵扣联　购货方扣税凭证

收款人：　　　　复核：　　　　开票人：陈晟　　　　销货单位(章)：

商 品 入 库 单

供货单位：北京星海公司　　　　　　　　凭证编号：

发票号码：00004821　　　2012 年 12 月 18 日　　　收货仓库：

商品编号	商品名称	规格	单位	数量		单价	金额
				应收	实收		
	库存商品		件	200	200	200.00	40 000.00
合计							40 000.00

仓库主管：杨静　　　记账：王华　　　仓库保管：吴宇　　　经办人：赵静

例 53：2012 年 12 月 19 日，鑫顺公司开出转账支票支付上述货款。

借：应付账款　　　　46 800

　　贷：银行存款　　　　46 800

中国工商银行（京）
转账支票存根

B E
0 2 32451675

附加信息

出票日期 2012 年 12 月 19 日

收款人：北京星海公司	
金 额：¥46 800.00	
用 途：支付货款	

单位主管：罗萧 会计：李丽

（四）预收账款

例 54：2012 年 12 月 19 日，鑫顺公司与大发公司签订供货合同，出售一批乙产品，货款共计 210 600 元，收到大发公司预付款 90 000 元，货物未发。

借：银行存款 90 000

贷：预收账款 90 000

ICBC 中国工商银行 业务回单（收款）凭证

入账时间：2012－12－19

付款人户名：大发公司

付款人账号：547－25184

付款人开户银行：工行房山支行

收款人户名：北京鑫顺股份有限公司

收款人账号：7780802387436

币种： 人民币（本位币） 金额（小写）¥90 000.00

金额（大写）：玖万元整

凭证种类：资金汇划 凭证号码：002364251

业务（产品）种类：汇划收报确认 摘要：货款

交易机构号：0030001036 记账柜员号：00101 交易代码：02012 用途：往来款

客户附言：货款 用途：往来款

打印次数：1 次 机打回单注意重复 打印日期：2012－12－19

例55：2012年12月20日，鑫顺公司将货物发到大发公司并开出增值税专用发票，大发公司验收后付清了剩余货款。该批产品的成本价为112 500元。

借：预收账款——大发公司　90 000
　　银行存款　120 600
　　贷：主营业务收入　180 000
　　　　应交税费——应交增值税（销项税额）　30 600

北京市增值税专用发票

No. 24572144

开票日期：2012年12月20日

购货单位	名称：大发公司 纳税人识别号：0101245214524712 地址、电话：北京房山开发区79号 010－86324628 开户行及账号：工行房山支行547－25184					密码区	（略）
货物及应税劳务名称	规格型号	单位	数量	单价	金额	税率	税额
乙产品			900	200	180 000	17%	30 600
合　计					¥180 000		¥30 600
价税合计（大写）	⊗贰拾壹万零陆佰元整　（小写）¥210 600.00						
销货单位	名称：北京鑫顺股份有限公司 纳税人识别号：110010656578543 地址、电话：北京市通朝路145号 010－47824567 开户行及账号：工行北京朝阳支行　7780802387436					备注	

第三联 记账联 销货方记账凭证

产成品出库单

提货部门：销售部　　2012年12月20日　　NO.

产品			单位	数量	单价	成本总额								说明
编号	名称	规格				十	万	仟	百	十	元	角	分	
	乙产品			900	125	1	1	2	5	0	0	0	0	

第三联 记账

部门主管：马力　会计：李丽　记账：王华　保管：吴宇　提货人：康冬喜　制单：刘昭

ICBC 中国工商银行 业务回单(收款)凭证

入账时间：2012－12－20

付款人户名：大发公司

付款人账号：547－25184

付款人开户银行：工行房山支行

收款人户名：北京鑫顺股份有限公司

收款人账号：7780802387436

币种： 人民币(本位币) 金额(小写)￥120 600.00

金额(大写)：壹拾贰万零陆佰元整

凭证种类：资金汇划 凭证号码：002364251

业务(产品)种类：汇划收报确认 摘要：货款

交易机构号：0030001035 记账柜员号：00102 交易代码：02013 用途：往来款

客户附言：货款 用途：往来款

打印次数：1次 机打回单注意重复 打印日期：2012－12－20

(五)应付职工薪酬

例56：2012年12月20日，鑫顺公司用现金支付技术科的业务培训费2 400元，收到东方技术培训学校的收款收据。

借：应付职工薪酬——教育经费 2 400

贷：库存现金 2 400

北京市普通高(中)等院校学费、住宿费专用发票

京财政蓝字第521号 100246809

收款单位：东方技术培训学校 2012年12月20日

学号		姓名	汪华	人数	3人	缴费年限	
收费项目		收费标准(元/人·年)			收费金额(元)		
学费		800.00×3			2 400.00		
住宿费							
合计					2 400.00		
金额(大写)		贰仟肆佰元整					

第二联 缴款凭证

收款单位(盖章) 收款人：张扬

例 57：2012 年 12 月 20 日，鑫顺公司支付给公司职工李爽生活困难补助费 1 500 元。发放元旦慰问金 2 100 元。

借：应付职工薪酬——职工福利　　3 600

　　贷：库存现金　　3 600

北京鑫顺股份有限公司
职工生活困难补助申请表

<table>
<tr><td>部门</td><td>仓库</td><td>姓名</td><td>李爽</td><td>本人工资收入</td><td>1 120.00</td><td>家庭其他人员收入</td><td>700.00</td></tr>
<tr><td rowspan="3">补助原因</td><td colspan="4" rowspan="3">妻子身体羸弱，无法工作，另有两位老人需要赡养，一个正在读书的小孩，造成生活困难。
现金付讫</td><td>补助性质</td><td colspan="2">定期临时补助</td></tr>
<tr><td>申请金额</td><td colspan="2">人民币壹仟伍佰元整</td></tr>
<tr><td rowspan="2">贷收据</td><td colspan="2" rowspan="2">今收到困难补助费人民币壹仟伍佰元整。
领款人(签字)：
李爽
2012 年 12 月 20 日</td></tr>
<tr><td>部门意见</td><td>建议临时补助壹仟伍佰元整。
杨静
2012 年 12 月 20 日</td><td>厂工会意见</td><td colspan="2">同意。
马明
2012 年 12 月 20 日</td></tr>
</table>

元旦慰问金支出表

2012 年 12 月 20 日

姓名	支出项目	标准	金额	领款人签字
郭宏	慰问金		300.00	郭宏
赵佳	慰问金		300.00	赵佳
徐倩	慰问金		300.00	徐倩
白玉	慰问金		300.00	白玉
姜超	慰问金		300.00	姜超
和兴	慰问金		300.00	和兴
刘江	慰问金		300.00	刘江

制单：赵景　　　　审核：李丽

现金支出凭单

科目：　　　　2012 年 12 月 20 日　　　　编号

<table>
<tr><td>部门</td><td></td><td>项目名称</td><td></td><td>预算科目</td><td></td></tr>
<tr><td>摘要及用途</td><td colspan="5">支付困难补助和元旦慰问金</td></tr>
<tr><td>金额</td><td colspan="5">人民币（大写）叁仟陆佰元整　　¥3 600.00</td></tr>
<tr><td>备注</td><td colspan="5"></td></tr>
<tr><td colspan="2">领导
批示：</td><td colspan="2">财务
主管：杨明</td><td colspan="2">部门
主管：</td></tr>
</table>

会计：李丽　　出纳：李冬娴　　证明/验收人：　　经手人：　　领款人：王海

例 58：2012 年 12 月 20 日，鑫顺公司用现金支付职工 11 月份工资 40 000 元。

借：应付职工薪酬　　40 000
　　贷：库存现金　　39 640
　　　　应交税费——应交个人所得税　　360

工　资　表

2012 年 12 月 20 日

编号	姓名	应付工资			扣除项目							实发工资	签收
		标准工资	各项津贴	合计	事假		病假		房租	水电费	个人所得税		
					天数	工资	天数	工资					
1	韩斌	5 000									45	4 955	韩斌
2	王超	5 000									45	4 955	王超
3	陈成	5 000									45	4 955	陈成
4	张琪	5 000									45	4 955	张琪
5	刘雨	5 000									45	4 955	刘雨
6	何冰	5 000									45	4 955	何冰
7	杨阳	5 000									45	4 955	杨阳
8	李霞	5 000									45	4 955	李霞
合计		40 000									360	39 640	

(六)应交税费

例 59：2012 年 12 月 20 日，鑫顺公司以库存商品换入一批原材料，该批库存商品的实际成本为 100 000 元，市场价格为 120 000 元，没有计提存货跌价准备，换入的原材料的市场价格为 150 000 元，鑫顺公司用银行存款支付差价，并且交易过程中没有发生其他税费。

借：原材料　　150 000
　　应交税费——应交增值税(进项税额)　　25 500
　　贷：库存商品　　120 000
　　　　银行存款　　35 100
　　　　应交税费——应交增值税(销项税额)　　20 400

北京市增值税专用发票
发票联

№. 11245712

开票日期：2012 年 12 月 20 日

<table>
<tr><td>购货单位</td><td colspan="4">名　　称：北京鑫顺股份有限公司
纳税人识别号：110010656578543
地 址、电 话：北京市通朝路 145 号 010－47824567
开户行及账号：工行北京朝阳支行 7780802387436</td><td>密码区</td><td colspan="2">（略）</td></tr>
<tr><td colspan="2">货物及应税劳务名称</td><td>规格型号</td><td>单位</td><td>数量</td><td>单价</td><td>金额</td><td>税率</td><td>税额</td></tr>
<tr><td colspan="2">原材料</td><td></td><td></td><td></td><td></td><td>150 000</td><td>17%</td><td>25 500</td></tr>
<tr><td colspan="2">合　　计</td><td></td><td></td><td></td><td></td><td>¥150 000</td><td></td><td>¥25 500</td></tr>
<tr><td colspan="2">价税合计（大写）</td><td colspan="7">⊗壹拾柒万伍仟伍佰元整　　（小写）¥175 500.00</td></tr>
<tr><td>销货单位</td><td colspan="4">名　　称：北京海路公司
纳税人识别号：0101245214524712
地 址、电 话：北京密云开发区 142 号 010－42147851
开户行及账号：工行密云支行　22478145632145</td><td>备注</td><td colspan="2"></td></tr>
</table>

收款人：　　复核：　　开票人：李佳　　销货单位（章）：

第一联 发票联 购货方记账凭证

北京市增值税专用发票
抵扣联

№. 11245712

开票日期：2012 年 12 月 20 日

<table>
<tr><td>购货单位</td><td colspan="4">名　　称：北京鑫顺股份有限公司
纳税人识别号：110010656578543
地 址、电 话：北京市通朝路 145 号 010－47824567
开户行及账号：工行北京朝阳支行 7780802387436</td><td>密码区</td><td colspan="2">（略）</td></tr>
<tr><td colspan="2">货物及应税劳务名称</td><td>规格型号</td><td>单位</td><td>数量</td><td>单价</td><td>金额</td><td>税率</td><td>税额</td></tr>
<tr><td colspan="2">原材料</td><td></td><td></td><td></td><td></td><td>150 000</td><td>17%</td><td>25 500</td></tr>
<tr><td colspan="2">合　　计</td><td></td><td></td><td></td><td></td><td>¥150 000</td><td></td><td>¥25 500</td></tr>
<tr><td colspan="2">价税合计（大写）</td><td colspan="7">⊗壹拾柒万伍仟伍佰元整　　（小写）¥175 500.00</td></tr>
<tr><td>销货单位</td><td colspan="4">名　　称：北京海路公司
纳税人识别号：0101245214524712
地 址、电 话：北京密云开发区 142 号 010－42147851
开户行及账号：工行密云支行　22478145632145</td><td>备注</td><td colspan="2"></td></tr>
</table>

收款人：　　复核：　　开票人：李佳　　销货单位（章）：

第二联 抵扣联 购货方扣税凭证

商品入库单

供货单位：北京海路公司　　　　　　　　　　　　　　　　凭证编号：

发票号码：11245712　　　　　2012 年 12 月 20 日　　　　　收货仓库：

商品编号	商品名称	规格	单位	数量		单价	金额
				应收	实收		
	原材料						150 000.00
合计							150 000.00

仓库主管：杨静　　　记账：王华　　　仓库保管：吴宇　　　经办人：赵静

中国工商银行(京)
转账支票存根

B/0 E/2 **32451673**

附加信息

出票日期　2012 年 12 月 20 日

收款人：	北京海路公司
金　额：	¥35 100.00
用　途：	支付差价

单位主管：罗萧　　　会计：李丽

北京市增值税专用发票

№. 24572144

开票日期：2012 年 12 月 20 日

购货单位	名　　称：北京海路公司 纳税人识别号：0101245214524712 地 址、电 话：北京密云开发区 142 号 010－42147851 开户行及账号：工行密云支行　22478145632145				密码区	（略）	
货物及应税劳务名称	规格型号	单位	数量	单价	金额	税率	税额
库存商品					120 000	17%	20 400
合　计					¥120 000		¥20 400
价税合计(大写)	⊗壹拾肆万零肆佰元整　（小写）¥140 400.00						
销货单位	名　　称：北京鑫顺股份有限公司 纳税人识别号：110010656578543 地 址、电 话：北京市通朝路 145 号 010－47824567 开户行及账号：工行北京朝阳支行　7780802387436				备注		

第三联　记账联　销货方记账凭证

收款人：　　复核：　　开票人：吴晓　　销货单位(章)：

产成品出库单

提货部门：销售部　　2012 年 12 月 20 日　　No.

产品 编号	产品 名称	产品 规格	单位	数量	单价	成本总额 十	万	仟	百	十	元	角	分	说明
	库存商品					1	2	0	0	0	0	0	0	

第三联　记账

部门主管：马力　会计：李丽　记账：王华　保管：吴宇　提货人：康冬喜　制单：刘昭

例 60：2012 年 12 月 21 日，鑫顺公司预缴 12 月 11 日至 20 日销售商品应纳的增值税 2 630 元。

借：应交税费——应交增值税(已交税金)　　2 630

　　贷：银行存款　　2 630

中华人民共和国
税收通用缴款书

隶属关系：
注册类型：　　　　　　　　　　填发日期：2012 年 12 月 21 日　　征收机关：朝阳区国家税务局

缴款单位	代码	102457835×××241	预算科目	编码	
	全称	北京鑫顺股份有限公司		名称	增值税
	开户银行	工商银行朝阳分理处		级次	中央 75% 省市 12.5% 地市 12.5%
	账号	7780802387436	收款国库		工商银行朝阳分理处
税款所属时间 2012 年 12 月 11 日至 2012 年 12 月 20 日			税款限缴日期 2012 年 12 月 25 日		

品名名称	课税数量	计税金额或销售收入	税率或单位税额	已缴或扣除额	实缴税额 亿	仟	百	十	万	仟	百	十	元	角	分
增值税		15 470.59	17%						¥	2	6	3	0	0	0
金额合计（大写）贰仟陆佰叁拾元零角零分									¥	2	6	3	0	0	0

缴款单位（人）（盖章）经办人（章）	国税机关（盖章）	上列款项已收妥并划转税款单位账户。国库（银行）盖章 2012 年 12 月 21 日	备注：

第一联（收据）国库（经收处）收款盖章或退缴款单位（人）作完税凭证

（七）应付利息

例 61：2012 年 12 月 21 日，鑫顺公司用银行存款支付去年的长期借款的利息 25 200 元。

借：应付利息　　　　25 200

　　贷：银行存款　　　　25 200

中国工商银行
转账支票存根（京）

$\frac{E}{0}\ \frac{G}{2}$ **32451676**

附加信息

出票日期　2012 年 12 月 21 日

收款人：	工商银行
金　额：	¥25 200.00
用　途：	支付利息

单位主管：罗萧　　　会计：李丽

(八)其他应付款

例 62：2012 年 12 月 21 日，鑫顺公司收到包装物押金 3 000 元。

借：库存现金　　3 000

　　贷：其他应付款　　3 000

收　据

2012 年 12 月 21 日　　No. 023062

今收到	王强	
交　来	包装物押金	
人民币（大写）	叁仟元整	¥3 000.00

第二联　记账联

收款人：李冬娴　　交款人：王强

四、非流动负债

(一)长期借款

例 63：2012 年 12 月 21 日，鑫顺公司为了企业的发展向银行借入三年期借款 1 000 000 元，借款已存入银行。

借：银行存款　　1 000 000

　　贷：长期借款　　1 000 000

请借款人认真阅读本合同，尤其带有 ＊ ＊ ＊ 符号的条款，在确认无异议后签署本合同。

工商银行借款合同

（长期非流动资金贷款）

借款人：北京鑫顺股份有限公司

住 所：北京市通朝路 145 号

法定代表人：马致远

贷款人：工商银行北京分行朝阳(支)行

地 址：北京市朝阳路 102 号

鉴于借款人向贷款人申请非流动资金贷款，根据中华人民共和国的有关法律、法规及其他有关规定，借款人与贷款人协商一致，特订立本合同。

第一条　贷款

1.1 币种人民币。

1.2 金额(大写金额)壹佰万元整，借款人所欠本金的实际金额以贷款人出具的会计凭证为准。

1.3 期限：3 年(年/月)，自 2012 年 12 月 21 日至 2015 年 12 月 20 日。

1.4 本合同下的贷款仅限于资金周转。借款人不得将本合同项下的贷款挪作他用。

（略）

借款借据(入账通知)

借款日期：2012 年 12 月 21 日　　　　借据编号：20111217960

收款单位	全称	北京鑫顺股份有限公司	借款单位	全称	中国工商银行朝阳分理处
	开户银行	工商行朝阳分理处		放款户银行	朝阳分理处
	开户账号	7780802387436		放款户账号	778 × × × × ×

借款金额	人民币（大写）壹佰万元整	千	百	十	万	仟	百	十	元	角	分
		¥	1	0	0	0	0	0	0	0	0

借款原因及用途	固贷	借款计划指标	1 000 000 元

借款期限			
期次	计划还款日期	计划还款金额	你单位上列借款，已转入你单位结算户内。借款到期时由我行按期自你单位结算户内转还。 2012 年 12 月 21 日 （银行盖章）
1	2015. 12. 20	1 000 000	
2			
3			
备注			

例 64：2012 年 12 月 21 日，鑫顺公司归还长期借款本金 400 000 元和利息 33 600 元，款项已支付。

借：长期借款——本金　　400 000

　　应付利息　　33 600

　　贷：银行存款　　433 600

应付利息计算表

2012 年 12 月 21 日

贷款银行	借款种类	本金	年利率	利息额
中国工商银行	长期借款	400 000 元	8. 4%	33 600 元

制单：赵景　　　　审核：李丽

中国工商银行北京分行贷款还款凭证

凭证开出日期：2012 年 12 月 21 日　　　　　　　　银行转账日期：2012 年 12 月 21 日

<table>
<tr><td rowspan="3">借款单位存款户</td><td>名称</td><td>北京鑫顺股份有限公司</td><td rowspan="3">借款单位</td><td>名称</td><td>北京鑫顺股份有限公司</td></tr>
<tr><td>账号</td><td>7780802387436</td><td>账号</td><td>7780802387436</td></tr>
<tr><td>开户银行</td><td>工行朝阳支行</td><td>开户银行</td><td>工行朝阳支行</td></tr>
<tr><td colspan="2">贷款到期日</td><td>2012 年 12 月 21 日</td><td colspan="2">还款次数</td><td>最后一次还款</td></tr>
<tr><td colspan="2">还款金额</td><td colspan="3">人民币（大写）肆拾万元整</td><td>十 万 十 百 元 角 分
4 0 0 0 0 0 0</td></tr>
<tr><td colspan="2">贷款种类</td><td>固贷</td><td>原借款金额</td><td>¥400 000.00</td><td>原借据银行编号</td></tr>
<tr><td colspan="2">此借款由上列账户归还
此致
中国工商银行北京市朝阳支行</td><td colspan="2">借款单位预留银行印鉴
（银行主动收回贷款免盖）</td><td colspan="2">会计分录：
借：
贷：
会计：　复核：　记账：</td></tr>
</table>

（二）应付债券

例 65：2012 年 12 月 21 日，鑫顺公司委托广发证券公司发行企业债券：面值为 200 000 元，期限为 5 年，票面利率为 10%，每年年末付息一次，到期一次还本。发行时实际利率为 8%，实际收到发行款 215 970 元，存入银行。

借：银行存款　　215 970

　　贷：应付债券——面值　　200 000

　　　　　　　　——利息调整　　15 970

委托代理发行债券协议书（摘抄）		
债券面值：贰拾万元（¥200 000）	期限：5 年	票面利率：10%
发行金额：贰拾壹万伍仟玖佰柒拾元整（¥215 970）		发行方式：包销
还本付息方式：每年年末付息一次，到期一次还本付息		
代理商：广发证券公司	利息费用：壹万伍仟玖佰柒拾元整（¥15 970）	
划款时间：2012 年 12 月 21 日		

中国工商银行朝阳分行特种转账贷方传票

代银行转账传票 代银行支款通知	2012 年 12 月 21 日												
付款人	全称	委托存款	收款人	全称	北京鑫顺股份有限公司								
	账号或地址			账号	7780802387436								
	开户银行			开户银行	工行朝阳支行	行号							
金额	人民币（大写）	贰拾壹万伍仟玖佰柒拾元整			千	百	十	万	千	百	十	元	角	分
						¥	2	1	5	9	7	0	0	0
原凭证金额		罚款赔偿金		科目（贷）									
原凭证名称		号码											
转账原因：债券发行款		对方科目（借） 会计： 复核： 记账： 制票：											

五、损益及所有者权益

（一）收入

1. 主营业务收入

例 66：2012 年 12 月 21 日，鑫顺公司销售给海瑞公司甲产品一批，开出的增值税专用发票上注明的销售价款是 700 000 元，增值税销项税额为 119 000 元，款项已存入银行。销售产品的实际成本为 420 000 元。

借：银行存款　　819 000

　　贷：主营业务收入　　700 000

　　　　应交税费——应交增值税（销项税额）　　119 000

北京市增值税专用发票　　№. 00024574

北京 国家税务局监制

开票日期：2012 年 12 月 21 日

购货单位	名　　称：海瑞公司 纳税人识别号：541214754213124 地 址、电 话：北京通州张家湾经济开发区 010－52641282 开户行及账号：工行北京通州支行　4784982145764123				密码区	（略）	
货物及应税劳务名称	规格型号	单位	数量	单价	金额	税率	税额
甲产品			1 750	400	700 000	17%	119 000
合　计					¥700 000		¥119 000
价税合计（大写）	⊗捌拾壹万玖仟元整				（小写）¥819 000.00		
销货单位	名　　称：北京鑫顺股份有限公司 纳税人识别号：110010656578543 地 址、电 话：北京市通朝路 145 号 010－47824567 开户行及账号：工行北京朝阳支行　7780802387436				备注		

第三联 记账联 销货方记账凭证

收款人：　　复核：　　开票人：吴晓　　销货单位（章）：

产成品出库单

提货部门：销售部　　　　2012 年 12 月 21 日　　　　NO. 14

产品			单位	数量	单价	成本总额								说明
编号	名称	规格				十	万	仟	百	十	元	角	分	
	甲产品			1 750	240	4	2	0	0	0	0	0	0	

第三联　记账

部门主管：马力　　　会计：李丽　　　提货人：陈晓明　　　制单：刘昭

ICBC 中国工商银行　　业务回单（收款）凭证

入账时间：2012 - 12 - 21

付款人户名：海瑞公司

付款人账号：4784982145764123

付款人开户银行：工行北京通州支行

收款人户名：北京鑫顺股份有限公司

收款人账号：7780802387436

币种：　人民币（本位币）　金额（小写）¥819 000. 00

金额（大写）：捌拾壹万玖仟元整

凭证种类：资金汇划　　　凭证号码：002364251

业务（产品）种类：汇划收报确认　　摘要：货款

交易机构号：0030001036　　记账柜员号：00101　　交易代码：02012　　用途：往来款

客户附言：货款　　　　用途：往来款

打印次数：1 次　　机打回单注意重复　　打印日期：2012 - 12 - 21

例 67：2012 年 12 月 21 日，鑫顺公司向风华公司销售丙产品一批，开出的增值税专用发票上注明售价为 500 000 元，增值税税额为 85 000 元；鑫顺公司收到风华公司开出的不带息银行承兑汇票一张，票面金额为 585 000 元，期限为 2 个月；该批商品已经发出，鑫顺公司以银行存款代垫运杂费 1 000 元；该批商品成本为 332 500 元。

借：应收票据　　585 000

　　应收账款　　1 000

　　贷：主营业务收入　　500 000

　　　　应交税费——应交增值税（销项税额）　　85 000

　　　　银行存款　　1 000

北京市增值税专用发票

北京 国家税务局监制

№. 00024574

开票日期：2012 年 12 月 21 日

购货单位	名　　称：风华公司 纳税人识别号：32123334564754 地 址、电 话：北京怀柔经济开发区 010—23654872 开户行及账号：工行北京怀柔支行　332154879645451	密码区	（略）

货物及应税劳务名称	规格型号	单位	数量	单价	金额	税率	税额
丙产品			1 000	500	500 000	17%	85 000
合　计					¥500 000		¥85 000
价税合计（大写）	⊗伍拾捌万伍仟元整				（小写）¥585 000. 00		

销货单位	名　　称：北京鑫顺股份有限公司 纳税人识别号：110010656578543 地 址、电 话：北京市通朝路 145 号 010－47824567 开户行及账号：工行北京朝阳支行　7780802387436	备注	

收款人：　　复核：　　开票人：吴晓　　销货单位（章）：

第三联 记账联 销货方记账凭证

产成品出库单

提货部门：销售部　　2012 年 12 月 21 日　　NO. 1

产品			单位	数量	单价	成本总额								说明
编号	名 称	规格				十	万	仟	百	十	元	角	分	
	丙产品			1 000	332. 5	3	3	2	5	0	0	0	0	

部门主管：马力　　会计：李丽　　提货人：邱宾　　制单：刘昭

第三联 记账

信息码：

公路、内河货物运输统一发票

发　票　联

密　码：

开票日期：2012 年 12 月 21 日

发票代码：322000521378

发票号码：01335276

机打代码 机打号码 机器编号	233100431122 01335276	税控码	
收货人及纳税人识别码	风华公司 32123334564754	承运人及纳税人识别号	中国货运北京有限公司 441900263879397
发货人及纳税人识别码	北京鑫顺股份有限公司 1100106565578543	主管税务机关及代码	北京市地方税务局朝阳税务分局 8668785
运输项目及金额	货物名称 重量(数量) 单位运价 计费里程 金额 产品 1 000.00	其他项目及金额：费用名称 金额	备注 （手写无效） 起运地：北京 到达地：北京 承运人盖章
运费小计	¥1 000.00	其他费用小计	
合计(大写)	壹仟元整		（小写）¥1 000.00

承运人盖章：　　　　开票人：

第一联　发票联　付款方记账凭证

商业承兑汇票(卡片)　　1

出票日期（大写）贰零壹贰年壹拾贰月贰拾壹日

付款人	出票人全称	风华公司	收款人	全　称	北京鑫顺股份有限公司
	出票人账号	332154879645451		账　号	7780802387436
	付款行全称	工商银行怀柔支行		开户银行	工商银行北京市朝阳支行

出票金额	人民币（大写）	亿	千	百	十	万	千	百	十	元	角	分
	伍拾捌万伍仟元整			¥	5	8	5	0	0	0	0	0

汇票到期日（大写）	贰零壹叁年零贰月贰拾日	付款人开户行	行号	782783
交易合同号码	24578		地址	北京市怀柔
出票人签章：		备注：		

此联承兑人留存

中国工商银行
转账支票存根（京）

$\frac{B}{0}\frac{E}{2}$ 43362525

附加信息

出票日期　2012 年 12 月 21 日

收款人：	中国货运北京有限公司
金　额：	¥1 000.00
用　途：	代垫运费

单位主管：罗萧　　　会计：李丽

2. 其他业务收入

例 68：2012 年 12 月 22 日，鑫顺公司对外提供运输劳务，取得收入 35 000 元。

借：银行存款　　35 000

　　贷：其他业务收入　　35 000

「机打票号」与「信息码」和「发票号码」必须一致，否则无效

北京市交通运输业、建筑业、销售不动产和转让无形资产专用发票

BEIJING SPECIAL INVOICE FPR SERVICE INDUSTRY ENTERTAINMENT INDUSTRY AND PHYSICAL CULTURE INDUSTRY

记　账　联

发票代码 INVOICE CODE 211000672236

发票号码 INVOICE NO 18970885

税务登记号：001021770414122587l TAX REGISTRY NO

密　　码 PASSWORD [redacted]

信息码 INF NUMBER 2014060205

收款单位：北京鑫顺股份有限公司 PAYEE

付款单位（个人）：上海科贸有限公司 PAYER

54067214-01018639-70885015

经营项目 Service item		金　额 Amount charged
运输服务		¥35 000.00
金额合计（人民币大写）Total amount (in letters)	叁万伍仟元整	
机打票号 Printing No. 18970885	税控装置号 Receiver No.	0014578231
税控装置防伪码 Anti-forgery Code. 53A81489943E5203	开票日期 Date issued	2012－12－22

二 记账联

收款单位（盖章有效）Payee (seal)　　　　税控机打发票手开无效 Printed by receiver, hand-writing invalid

ICBC 中国工商银行　业务回单(收款)凭证

入账时间：2012－12－22
付款人户名：上海科贸有限公司
付款人账号：2245786145789123
付款人开户银行：上海闵行路支行
收款人户名：北京鑫顺股份有限公司
收款人账号：7780802387436
币种：　人民币(本位币)　金额(小写)￥35 000.00
金额(大写)：叁万伍仟元整
凭证种类：资金汇划　凭证号码：002364243
业务(产品)种类：汇划收报确认　摘要：货款
交易机构号：0030001030　记账柜员号：00106　交易代码：02011　用途：往来款
客户附言：货款　用途：往来款

打印次数：1次　机打回单注意重复　打印日期：2012－12－22

例69：2012年12月22日，鑫顺公司收到出租无形资产的租金20 000元，存入银行。

借：银行存款　20 000

　贷：其他业务收入　20 000

ICBC 中国工商银行　业务回单(收款)凭证

入账时间：2012－12－22
付款人户名：天都公司
付款人账号：2214532157412563
付款人开户银行：工行北京支行
收款人户名：北京鑫顺股份有限公司
收款人账号：7780802387436
币种：　人民币(本位币)　金额(小写)￥20 000.00
金额(大写)：贰万元整
凭证种类：资金汇划　凭证号码：002364237
业务(产品)种类：汇划收报确认　摘要：租金
交易机构号：0030001028　记账柜员号：00119　交易代码：02007　用途：往来款
客户附言：租金　用途：往来款

打印次数：1次　机打回单注意重复　打印日期：2012－12－22

北京市服务业、娱乐业、文化体育业专用发票

BEIJING SPECIAL INVOICE FPR SERVICE INDUSTRY ENTERTAINMENT INDUSTRY AND PHYSICAL CULTURE INDUSTRY

发 票 联

「机打票号」与「信息码」和「发票号码」必须一致，否则无效

发票代码 INVOICE CODE 211000372347

发票号码 INVOICE NO 18970885

密码 PASSWORD [redacted]

信息码 INF NUMBER 2014060205

54067214-01018639-70885015

税务登记号：110110880202055 6982 TAX REGISTRY NO

收款单位：北京鑫顺股份有限公司 PAYEE

付款单位(个人)：天都公司 PAYER

项 目 Item	单 价 UNIT PRICE	数 量 QUANTITY	金 额 Amount charged
租 金	20 000. 00		20 000. 00
小写合计 TOTAL IN FIGURES	¥20 000. 00		
大写合计 TOTAL IN CAPITAL	贰万元整		

一 发票联

机打号码 Printed No. 18970885

收款员 Cashier

机器编码 Machine No. 2014060245123

开票日期 Date issued 2012/12/22

税控码 Tax control No. 1009 1935 9417 4607 5884

收款单位(盖章有效) Payee(seal)

税控机打发票手开无效 Printed by receiver, hand-writing invalid

3. 营业外收入

例 70：2012 年 12 月 22 日，鑫顺公司收到黄河实业有限公司捐赠的打印机两台，市场价格为 3 000 元/台，增值税税率为 17%，已办理固定资产验收手续。

借：固定资产	6 000
应交税费——应交增值税(进项税额)	1 020
贷：营业外收入——捐赠利得	7 020

北京市增值税专用发票

发票联

№.02345781

开票日期：2012年12月22日

购货单位	名　　称：北京鑫顺股份有限公司 纳税人识别号：110010656578543 地 址、电 话：北京市通朝路145号 010－47824567 开户行及账号：工行北京朝阳支行 7780802387436	密码区	（略）

货物及应税劳务名称	规格型号	单位	数量	单价	金额	税率	税额
打印机		台	2	3 000.00	6 000.00	17%	1 020.00
合　　计					¥6 000.00		¥1 020.00
价税合计（大写）	⊗柒仟零贰拾元整				（小写）¥7 020.00		

销货单位	名　　称：黄河实业有限公司 纳税人识别号：01012257815332457 地 址、电 话：北京延庆开发区28号 010－23548761 开户行及账号：工行延庆支行　33547812647852	备注	

收款人：　　　　复核：　　　　开票人：严旭　　　　销货单位（章）：

第一联　发票联　购货方记账凭证

北京市增值税专用发票

抵扣联

№.02345781

开票日期：2012年12月22日

购货单位	名　　称：北京鑫顺股份有限公司 纳税人识别号：110010656578543 地 址、电 话：北京市通朝路145号 010－47824567 开户行及账号：工行北京朝阳支行 7780802387436	密码区	（略）

货物及应税劳务名称	规格型号	单位	数量	单价	金额	税率	税额
打印机		台	2	3 000.00	6 000.00	17%	1 020.00
合　　计					¥6 000.00		¥1 020.00
价税合计（大写）	⊗柒仟零贰拾元整				（小写）¥7 020.00		

销货单位	名　　称：黄河实业有限公司 纳税人识别号：01012257815332457 地 址、电 话：北京延庆开发区28号 010－23548761 开户行及账号：工行延庆支行　33547812647852	备注	

收款人：　　　　复核：　　　　开票人：严旭　　　　销货单位（章）：

第二联　抵扣联　购货方扣税凭证

收　　据

2012 年 12 月 22 日　　　　No. 023071

今收到	黄河实业有限公司	
交　来	打印机两台	
人民币（大写）	陆仟元整	¥6 000.00

第二联 记账联

收款人：李冬娴　　　　交款人：

固定资产入库单

2012 年 12 月 22 日

编号	名称	规格	单位	数量		单价	金额	供应单位名称
				应收	实收			
	打印机		台	2	2	3 000.00	6 000.00	黄河实业有限公司
合计				–	–	–	6 000.00	

仓库主管：杨静　　记账：王华　　仓库保管：吴宇　　经办人：赵静

例 71：2012 年 12 月 23 日，鑫顺公司收到职工李某因迟到被罚的 260 元现金。

借：库存现金　　260

　　贷：营业外收入　　260

收　　据

2012 年 12 月 23 日　　　　No. 023071

今收到	李某	
交　来	迟到的罚款	
人民币（大写）	贰佰陆拾元整	¥260.00

第二联 记账联

收款人：李冬娴　　　　交款人：李某

(二)成本

1. 主营业务成本

例72：2012年12月23日，鑫顺公司本月销售甲产品1 750件，乙产品4 300件，丙产品1 000件；甲产品的实际单位成本为240.00元，乙产品的实际单位成本为125.00元，丙产品的实际单位成本为332.50元。

借：主营业务成本——甲产品　　420 000
　　　　　　　　——乙产品　　537 500
　　　　　　　　——丙产品　　332 500
　贷：库存商品——甲产品　　420 000
　　　　　　　——乙产品　　537 500
　　　　　　　——丙产品　　332 500

产品销售成本计算表

2012年12月23日　　单位：元

产品名称	数量	单价	金额
甲产品	1 750	240.00	420 000
乙产品	4 300	125.00	537 500
丙产品	1 000	332.50	332 500
合计			1 290 000

制单：赵景　　复核：李丽　　记账：李冬娴

2. 其他业务成本

例73：2012年12月24日，鑫顺公司用现金支付出租无形资产的后续服务费用400元。

借：其他业务成本　　400
　贷：库存现金　　400

现金支出凭单

科目：　　2012年12月24日　　编号

部门		项目名称		预算科目	
摘要及用途	资产后续服务费				
金额	人民币（大写）肆佰元整　　¥400.00				
备注					
领导批示：		财务主管：杨明		部门主管：	

会计：李丽　　出纳：李冬娴　　证明/验收人：　　经手人：　　领款人：王海

（三）费用

1. 销售费用

例 74：2012 年 12 月 24 日，鑫顺公司开出转账支票支付产品展览费 120 000 元给国家展览馆。

借：销售费用——展览费　　120 000

　　贷：银行存款　　120 000

中国工商银行（京）
转账支票存根

B/0 E/2 65378979

附加信息

出票日期　2012 年 12 月 24 日

收款人：	国家展览馆
金　额：	¥120 000.00
用　途：	展览费

单位主管：罗萧　　会计：李丽

「机打票号」与「信息码」和「发票号码」必须一致，否则无效

北京市服务业、娱乐业、文化体育业专用发票
BEIJING SPECIAL INVOICE FPR SERVICE INDUSTRY ENTERTAINMENT INDUSTRY AND PHYSICAL CULTURE INDUSTRY

发票联
INVOICE

发票代码 INVOICE CODE 3221045342041
发票号码 INVOICE NO 2153675
密码 PASSWORD [redacted]
信息码 INF NUMBER 2014061314

54067214-01018639-70885015

税务登记号：1101108802020556982
TAX REGISTRY NO

收款单位：国家展览馆
PAYEE

付款单位（个人）：北京鑫顺股份有限公司
PAYER

项目 Item	单价 UNIT PRICE	数量 QUANTITY	金额 Amount charged
展览费	120 000.00		120 000.00
小写合计 TOTAL IN FIGURES	¥120 000.00		
大写合计 TOTAL IN CAPITAL	壹拾贰万元整		

一 发票联

机打号码 Printed No. 2153675　　收款员 Cashier
机器编码 Machine No. 20140602051883254　　开票日期 Date issued 2012/12/24
税控码 Tax control No. 1009 1935 9417 4607 5884　　收款单位（盖章有效）Payee(seal)

税控机打发票手开无效
Printed by receiver, hand-writing invalid

例75：2012年12月24日，鑫顺公司支付托运费1 000元。

借：销售费用——运费　　1 000

　　贷：库存现金　　1 000

北京长途汽车运输站
包装材料杂费收据

2012年12月24日　　NO. 124530

行李包裹票据号码				
始发站	北京		到站	广州
接收费用				
项目	单位	数量	单价	金额
材料费				400
标签费				60
服务费				120
保险费				
合计金额	大写：伍佰捌拾元整			¥580.00

经办人：

包裹单

2012年12月24日

到××站　　经由××站　　（报销凭证）

托运人	单位名称	北京鑫顺股份有限公司				电话	010－47824567	
	地址	北京市通朝路145号				邮编		
收货人	单位名称	奥科电子厂				电话	020－36227041	
	地址	广州普通开发区23号				邮编		
编号	品名	包装种类	件数	实际重量	声明价格		运价里程	
							运到期限	12月28日
							计费重量	
							运价	350
							保介费	
							装车费	70
合计金额		（大写）肆佰贰拾元整						¥420

注意事项：

1. 托运人应及时通知收货人领取。
2. 须凭包裹单领取包裹。在领取时，如认为形式可疑，须会同铁路经办人员施行检查。
3. 包裹自到站发出通知日起，免费保管3天，超过保管期限时，应按规定缴纳保管费。
4. 包裹逾期未到，收货人到站领取时，车站应加盖行李、包裹未到戳。
5. 保价运输的物品灭失时，按实际损失赔偿，最高不超过声明价格。

不保价运输的物品，连同包裹重量每千克最多不超过赔偿限额。

行李员：　　单位盖章：

例 76：2012 年 12 月 24 日，鑫顺公司报销参加展销会的工作人员餐费共计 300 元。

借：销售费用——午餐费　　300

　　贷：库存现金　　300

「机打票号」与「信息码」和「发票号码」必须一致，否则无效

北京市服务业、娱乐业、文化体育业专用发票

BEIJING SPECIAL INVOICE FPR SERVICE INDUSTRY ENTERTAINMENT INDUSTRY AND PHYSICAL CULTURE INDUSTRY

发　票　联

INVOICE

发票代码 INVOICE CODE 3221045342041

发票号码 INVOICE NO 4253663

密　码 PASSWORD [redacted]

信息码 INF NUMBER 2014061314

54067214-01018639-70885015

税务登记号：232323665213225675O
TAX REGISTRY NO

收款单位：餐馆
PAYEE

付款单位(个人)：北京鑫顺股份有限公司
PAYER

项　目 Item	单　价 UNIT PRICE	数　量 QUANTITY	金　额 Amount charged
餐费	300.00		300.00
小写合计 TOTAL IN FIGURES	¥300.00		
大写合计 TOTAL IN CAPITAL	叁佰元整		

一 发票联

机打号码 Printed No. 4253663　　收款员 Cashier

机器编码 Machine No. 20140602051883255　　开票日期 Date issued 2012/12/24

税控码 Tax control No. 1009 1935 9417 4607 5884　　收款单位(盖章有效) Payee(seal)　　税控机打发票手开无效 Printed by receiver, hand-writing invalid

现金支出凭单

科目：　　2012 年 12 月 24 日　　编号

部门		项目名称		预算科目	
摘要及用途	支付餐费				
金额	人民币（大写）叁佰元整　¥300.00				
备注					
领导批示：		财务主管：杨明		部门主管：	

会计：李丽　　出纳：李冬娴　　证明/验收人：　　经手人：　　领款人：王海

例 77：2012 年 12 月 25 日，鑫顺公司为了宣传，邮寄宣传册，支付邮寄费 200 元。

借：销售费用——邮电费　　200

　　贷：库存现金　　200

邮政业务主要收据

付款单位：北京鑫顺股份有限公司　　　　No.

项目	数量	单价	金额						
			万	千	百	十	元	角	分
邮票	36	2.5				9	0	0	0
封装用品	40	1				4	0	0	0
大写金额	⊗壹佰叁拾元整			¥	1	3	0	0	0

第二联　收据

收款单位：（盖章）　　　　开据人：张凤　　　　日期：2012 年 12 月 25 日

特快专递邮件收据

邮件编号＿＿＿＿＿＿＿＿　　　　重量＿＿＿＿＿＿＿＿　　　　第　号

寄达国名或地名＿＿＿＿＿＿　　　　邮件类别：　信函□文件□

价值＿＿＿＿＿＿＿＿　　　　保价金额＿＿＿＿＿＿＿＿

邮费 70.00	保价费
揽收费	其他
合计(大写)柒拾元整	¥70.00

收寄单位：（盖章）　　　　收寄人员：齐敏　　　　日期：2012 年 12 月 25 日

2. 管理费用

例 78： 2012 年 12 月 25 日，鑫顺公司购买 500 元的印花税，现金支付。

借：管理费用——税金　　　　500

　　贷：库存现金　　　　500

现金支出凭单

科目：　　　　2012 年 12 月 25 日　　　　编号

部门		项目名称		预算科目	
摘要及用途	支付印花税				
金额	人民币（大写）伍佰元整　　¥500.00				
备注					
领导批示：		财务主管：杨明		部门主管：	

会计：李丽　　出纳：李冬娴　　证明/验收人：　　经手人：　　领款人：王海

中华人民共和国
税收通用缴款书

（2005）京地完电：2374532

注册类型：　　　　　　填发日期：2012 年 12 月 25 日　　　　　　征收机关：

纳税人代码	102457835×××241			地址	朝阳区地方税务局一所	
纳税人名称	北京鑫顺股份有限公司			税款所属时期	2012－12－01 至 2012－12－31	
税种	品目名称	课税数量	计税金额或销售收入	税率或单位税额	已缴或扣除额	实缴金额
印花税						500.00
金额合计	（大写）伍佰元整					
北京市地方税务局 征税专用章	委托代征单位（人）（盖章）		填票人（章）	备注		

例 79：2012 年 12 月 25 日，鑫顺公司用银行存款支付汽车保险费 5 600 元。

借：管理费用　　　　5 600

　贷：银行存款　　　　5 600

中国工商银行转账支票存根（京）

$\frac{E}{0}\frac{G}{2}$ **2116252**

附加信息

出票日期　2012 年 12 月 25 日

收款人：中国平安保险公司
金　额：¥5 600.00
用　途：保险费

单位主管：罗萧　　　会计：李丽

「机打票号」与「信息码」和「发票号码」必须一致，否则无效

北京市邮电通信业、金融保险业专用发票

BEIJING SPECIAL INVOICE FPR SERVICE INDUSTRY ENTERTAINMENT INDUSTRY AND PHYSICAL CULTURE INDUSTRY

发　票　联
INVOICE

发票代码 INVOICE CODE 223548765545252
发票号码 INVOICE NO 32362124
密　　码 PASSWORD [redacted]
信 息 码 INF NUMBER 2014060205

54067214-01018639-70885015

税务登记号：121345880202044 5871
TAX REGISTRY NO

收款单位：中国平安保险公司
PAYEE

付款单位（个人）：北京鑫顺股份有限公司
PAYER

经营项目 Service item		金　额 Amount charged
保险费		¥5 600.00
金额合计（人民币大写）Total amount (in letters)	伍仟陆佰元整	
机打票号 Printing No. 32362124	税控装置号 Receiver No.	1000005523628
税控装置防伪码 Anti-forgery Code. 60782263812	开票日期 Date issued	2012－12－25

一 发票联

收款单位（盖章有效）
Payee (seal)

税控机打发票手开无效
Printed by receiver, hand-writing invalid

例 80：2012 年 12 月 26 日，太阳花酒店开来一张发票，要求鑫顺公司结算本月份该公司招待客户就餐费 22 442 元。

借：管理费用——业务招待费　　22 442

　　贷：银行存款　　22 442

中国工商银行
现金支票存根（京）

$\frac{B}{0}\ \frac{E}{2}$ **21162521**

附加信息

出票日期　2012 年 12 月 26 日

收款人：	太阳花酒店
金　额：	¥22 442.00
用　途：	业务招待费

单位主管：罗萧　　会计：李丽

「机打票号」与「信息码」和「发票号码」必须一致，否则无效

北京市服务业、娱乐业、文化体育业专用发票

BEIJING SPECIAL INVOICE FOR SERVICE INDUSTRY ENTERTAINMENT INDUSTRY AND PHYSICAL CULTURE INDUSTRY

发 票 联
INVOICE

发票代码 INVOICE CODE 3221044231536
发票号码 INVOICE NO 03325147
密　码 PASSWORD [redacted]
信息码 INF NUMBER 2014061314

54067214-01018639-70885015

税务登记号：101023552132256750
TAX REGISTRY NO

收款单位：太阳花酒店
PAYEE

付款单位（个人）：北京鑫顺股份有限公司
PAYER

项目 Item	单价 UNIT PRICE	数量 QUANTITY	金额 Amount charged
业务招待费			22 442.00
小写合计 TOTAL IN FIGURES	¥22 442.00		
大写合计 TOTAL IN CAPITAL	贰万贰仟肆佰肆拾贰元整		

一 发票联

机打号码 Printed No. 03325147　　收款员 Cashier
机器编码 Machine No. 20140602051883254　　开票日期 Date issued 2012/12/26
税控码 Tax control No. 1009 1935 9417 4607 5884　　收款单位（盖章有效） Payee(seal)　　税控机打发票手开无效 Printed by receiver, hand-writing invalid

例 81： 2012 年 12 月 26 日，鑫顺公司开出转账支票支付本月宽带服务费 5 789 元。

借：管理费用——邮电费　　5 789
　　贷：银行存款　　5 789

中国工商银行（京）
转账支票存根

$\frac{B}{0}\frac{E}{2}$ **21163223**

附加信息

出票日期　2012 年 12 月 26 日

收款人：	电信局
金　额：	¥5 789.00
用　途：	宽带服务费

单位主管：罗萧　　会计：李丽

「机打票号」与「信息码」和「发票号码」必须一致，否则无效

北京市邮电通信业、金融保险业专用发票

BEIJING SPECIAL INVOICE FPR SERVICE INDUSTRY ENTERTAINMENT INDUSTRY AND PHYSICAL CULTURE INDUSTRY

发 票 联

INVOICE

发票代码 INVOICE CODE 211000585545252

发票号码 INVOICE NO 465862545

密 码 PASSWORD [redacted]

信息码 INF NUMBER 2014060205

54067214-01018639-70885015

税务登记号：1101108802020445871 TAX REGISTRY NO

收款单位：电信局 PAYEE

付款单位(个人)：北京鑫顺股份有限公司 PAYER

经营项目 Service item		金额 Amount charged
宽带服务费		¥5 789.00
金额合计(人民币大写) Total amount(in letters)	伍仟柒佰捌拾玖元整	
机打票号 Printing No. 465862545	税控装置号 Receiver No.	1000005523628
税控装置防伪码 Anti-forgery Code. 60782263812	开票日期 Date issued	2012－12－26

一 发票联

收款单位(盖章有效) Payee(seal)

税控机打发票手开无效 Printed by receiver, hand-writing invalid

3. 财务费用

例82：2012年12月26日，鑫顺公司收到工行结算存款利息通知，第四季度银行存款利息收入为3 200元。

借：银行存款　　　　3 200

　　贷：财务费用——利息收入　　　　3 200

(存款)利息清单

00124563

币别：人民币　　　　2012年12月26日　　　　流水号：

户名：北京鑫顺股份有限公司			账号：7780802387436		
计息项目	起息日	结息日	本金(积数)	利率	利息
	2012－9－26	2012－12－26	106 667.00	3%	3 200.00
合计	人民币叁仟贰佰元整				3 200.00
上列存款利息，已照收你单位7780802387436账户。			银行签章：		

会计主管：　　　　授权：　　　　复核：　　　　录入：

例 83：2012 年 12 月 27 日，鑫顺公司财务部购账页等财务用品支出 3 000 元。

借：管理费用——办公用品　　3 000

　　贷：银行存款　　3 000

北京市国家税务局通用机打发票

发票联

发票代码：111001173200

发票号码：00532546

开票日期：2012 年 12 月 27 日　　行业分类：商业　　机打号码：00532546

客户名称（全称）：北京鑫顺股份有限公司　　支票号码：

商品名称	规格	单位	数量	单位	金额
办公用品					¥3 000.00

人民币合计（大写）叁仟元整　　（小写）¥3 000.00

开票单位（盖章）　　开票人：　　税务登记号 110223601145612

第一联发票联（购货单位付款凭证）（手开无效）

发票密码 [redacted]

例 84：2012 年 12 月 27 日，鑫顺公司收到中国工商银行通知，支付银行手续费 1 200 元和邮费 110 元。

借：财务费用——手续费　　1 310

　　贷：银行存款　　1 310

中国工商银行 收费凭证（付出传票）

币别：人民币　　2012 年 12 月 27 日　　流水号：

<table>
<tr><td colspan="3" rowspan="2">付款人：北京鑫顺股份有限公司</td><td colspan="2" rowspan="2">账号：7780802387436</td><td>信汇笔数</td></tr>
<tr><td>异地托收信用证　笔数（邮）
（电）</td></tr>
<tr><td>项目名称</td><td>笔数</td><td>工本费</td><td>邮电费</td><td>手续费</td><td rowspan="4">收款银行盖章：
年　月　日</td></tr>
<tr><td></td><td></td><td></td><td>110.00</td><td>1 200.00</td></tr>
<tr><td></td><td></td><td></td><td></td><td></td></tr>
<tr><td>合计
金额</td><td colspan="4">人民币
（大写）壹仟叁佰壹拾元整</td></tr>
</table>

4. 营业外支出

例 85：2012 年 12 月 27 日，鑫顺公司因垃圾处理问题，被环保局罚款 16 000 元。

借：营业外支出——罚款支出　　16 000

　　贷：银行存款　　16 000

北京市行政事业性统一银钱收据

$\frac{E}{0}\frac{G}{2}$23154675 NO325462

财 B－07－06　　支票号：

今收到	北京鑫顺股份有限公司
交　来	罚款
人民币（大写）	壹万陆仟元整　　¥16 000.00

收款单位：　　收款人：　　日期：2012 年 12 月 27 日

中国工商银行转账支票存根（京）

$\frac{B}{0}\frac{E}{2}$ 23154675

附加信息

出票日期　2012 年 12 月 27 日

收款人：环保局
金　额：¥16 000.00
用　途：罚款

单位主管：罗萧　　会计：李丽

例 86：2012 年 12 月 28 日，鑫顺公司开出转账支票向北京市民政部捐赠希望工程款 20 000 元。

借：营业外支出——捐赠支出　　20 000

　　贷：银行存款　　20 000

北京市捐赠专用收款收据

日期：2012 年 12 月 28 日　　　　京 0(03)03402166

今收到　北京鑫顺股份有限公司　　　捐赠号：010 - 23526 - 3687

捐赠货币　(实物)种类：现金

损赠金额(实物价值)

(大写)　¥20 000.00

人民由

(大写)：贰万元整

中国工商银行转账支票存根(京)

$\frac{B}{0}\frac{E}{2}$ **13563425**

附加信息

出票日期　2012 年 12 月 28 日

收款人：北京市民政部	
金　额：¥20 000.00	
用　途：捐赠	

单位主管：罗萧　　　会计：李丽

例 87：2012 年 12 月 28 日，鑫顺公司被税务机关罚款 2 000 元，用银行存款支付。

借：营业外支出——罚款支出　　2 000

　　贷：银行存款　　2 000

中华人民共和国
税收通用完税证 (国)

纳税人编号：　　　　　　　　　　　　　　　　　　　　　　　　NO. 3245216
注册类型：股份公司　　　　　填发日期：2012 年 12 月 28 日　　　　　征收机关：

纳税代码	110010656578543	地址	北京通朝大街			
纳税人名称	北京鑫顺股份有限公司	税款所属时间	2012 年 10 月 31 日至 2012 年 11 月 30 日			
税种	品目名称	课税数量	计税金额或销售收入	税率或单位课税	已缴或扣除额	实缴金额
税务部门其他没收收入	罚款收入		0.00			2 000.00
金额合计	(大写)贰仟元整　　￥2 000.00					
税务机关(盖章)	委托代收单位(盖章)	填票人(章)戴娟	备注	其他部门查补罚没　行为罚款		

中国工商银行(京)
转账支票存根

$\frac{B}{0}\ \frac{E}{2}$ 13563425

附加信息

出票日期　2012 年 12 月 28 日

收款人：	北京市税务局
金　额：	￥2 000.00
用　途：	交罚款

单位主管：罗萧　　　会计：李丽

(四)实收资本

例 88：2012 年 12 月 29 日，鑫顺公司为扩大经营规模收到方达公司的投资款 1 000 000 元。

借：银行存款　　　　1 000 000
　　贷：实收资本　　　　1 000 000

投资协议书（摘要）

投出单位：方达公司

投入单位：北京鑫顺股份有限公司

……

第三，方达公司向北京鑫顺股份有限公司投入货币资金 100 万元，与其在注册资本中享受的股份相等。

第四，方达公司必须在 2012 年 12 月 31 日前向北京鑫顺股份有限公司出资。

……

北京鑫顺股份有限公司 2012 年 12 月 20 日开始接收投资。

北京市工商企业资金往来专用发票

存根联

NO. 245547516

客户名称：方达公司　　　　支票号：

往来项目	单位	数量	单价	金额										
				仟	百	十	万	仟	百	十	元	角	分	
投资款					1	0	0	0	0	0	0	0	0	
小写金额合计				¥	1	0	0	0	0	0	0	0		

一 存根联

对方科目：　　　　交款日期：2012 年 12 月 29 日

中国工商银行现金送款簿

收款单位名称	北京鑫顺股份有限公司	开户银行科目账号	工商银行 7780802387436									
款项来源	投资款		金额									
人民币（大写）壹佰万元整			千	百	十	万	千	百	十	元	角	分
			¥	1	0	0	0	0	0	0	0	0

券别	张数	金额	券别	张数	金额	券别	张数	金额	收款银行盖章
壹佰元	10 000	1 000 000							
伍拾元									
拾元									
伍元									

第一联 回单

收款复核：　　　　收款人员：林目

例 89：2012 年 12 月 29 日，鑫顺公司收到中韩实业公司投资转入的一台固定资产，投出单位的资产账面原价为 230 000 元，经双方议定的资产价值为 200 000 元（不考虑增值税）。

借：固定资产　　200 000

　　贷：实收资本——中韩实业公司　　200 000

资产评估报告表

单位：万元

委托评估单位：中韩实业公司　　评估时间：2012 年 12 月 29 日　　编号：

<table>
<tr><td rowspan="2">序号</td><td rowspan="2">资产名称及规格型号</td><td rowspan="2">计量单位</td><td rowspan="2">数量</td><td rowspan="2">购置时间</td><td rowspan="2">开始折旧时间</td><td colspan="3">账面原值</td><td colspan="4">评估价值</td><td colspan="2">差异</td><td rowspan="2">备注</td></tr>
<tr><td>原值</td><td>已提折旧</td><td>净值</td><td>重置价格</td><td>折旧年限</td><td>折旧额</td><td>净值</td><td>净值增减额</td><td>净值增减率</td></tr>
<tr><td></td><td>固定资产</td><td>台</td><td>1</td><td>10.10</td><td>10.11</td><td>23</td><td>3</td><td>20</td><td>26</td><td>8</td><td>6</td><td>20</td><td>-3</td><td>-7%</td><td>完好</td></tr>
</table>

评估单位：北京中信评估公司　　评估人：韩明　　评估负责人：周旭

投资协议书（摘要）

投出单位：中韩实业公司

投入单位：北京鑫顺股份有限公司

……

第三，中韩实业公司向北京鑫顺股份有限公司投入固定资产 20 万元，与其在注册资本中享受的股份相等。

第四，中韩实业公司必须在 2012 年 12 月 31 日前向北京鑫顺股份有限公司出资。

……

北京鑫顺股份有限公司 2012 年 12 月 20 日开始接收投资。

投入固定资产验收单

2012 年 12 月 29 日　　编号：　　单位：万元

<table>
<tr><td rowspan="2">固定资产名称</td><td rowspan="2">规格型号</td><td rowspan="2">计量单位</td><td rowspan="2">数量</td><td rowspan="2">预计使用年限</td><td rowspan="2">尚可使用年限</td><td colspan="3">投注单位账面价值</td><td rowspan="2">评估净值</td></tr>
<tr><td>原值</td><td>已提折旧</td><td>净值</td></tr>
<tr><td>固定资产</td><td></td><td>台</td><td>1</td><td>8</td><td>6</td><td>23</td><td>3</td><td>20</td><td>20</td></tr>
<tr><td></td><td></td><td></td><td></td><td></td><td></td><td></td><td></td><td></td><td></td></tr>
<tr><td rowspan="3">移交单位</td><td rowspan="3" colspan="2">中韩实业公司</td><td colspan="2">负责人</td><td>李磊</td><td rowspan="3">接收单位</td><td rowspan="3">北京鑫顺股份有限公司</td><td>负责人</td><td></td></tr>
<tr><td colspan="2">会计主管</td><td></td><td>会计主管</td><td></td></tr>
<tr><td colspan="2">经办人</td><td></td><td>经办人</td><td></td></tr>
</table>

(五)资本公积

例 90：2012 年 12 月 30 日，鑫顺公司公开发行了普通股 2 000 000 万股，每股面值 1 元，每股发行价格 3 元，公司以银行存款支付发行手续费、咨询费等共计 150 000 元。

(1)收到发行收入时：

借：银行存款	6 000 000	
贷：实收资本		2 000 000
资本公积——股本溢价		4 000 000

(2)支付发行费用时：

借：资本公积——股本溢价	150 000	
贷：银行存款		150 000

北京鑫顺股份有限公司股东大会决议

时间：2012 年 12 月 15 日上午 10:30

地点：北京浩瀚大酒店 23 楼会议室

参会人员：李辉、张志兰、马致远(公司董事长)等 25 人

经股东会一致同意，形成决议如下：经董事会决议，北京鑫顺股份有限公司发行普通股 2 000 000 股，每股面值 1 元，按每股 3 元的价格发行。

全体股东签字：

(法人股东加盖公章并由法定代表人签字，自然人股东亲笔签字)

北京鑫顺股份有限公司盖章：

2012 年 12 月 15 日

委托协议书(摘要)

委托单位：北京鑫顺股份有限公司

受托单位：北京广发证券公司

……

第三，北京鑫顺股份有限公司委托广发证券公司代理发行普通股 2 000 000 股，每股面值 1 元，按每股 3 元的价格发行。

第四，广发证券公司收取的手续费 150 000 元，手续费从发行收入中扣除。

第五，协议双方如有违约，按发行收入的 1% 支付违约金。

……

证券发行结算清单

2012 年 12 月 30 日

企业名称		北京鑫顺股份有限公司
发行股票	面值	1.00 元
	数量	2 000 000 股
	单价	3.00 元
	总价	6 000 000.00 元
发行费用		150 000.00 元
发行净额		5 850 000.00 元

制单：赵景　　　　审核：李丽

中国工商银行
转账支票存根（京）

B/0 E/2 **21162521**

附加信息

出票日期 2012 年 12 月 30 日

收款人：广发证券	
金　额：¥150 000.00	
用　途：发行费用	

单位主管：罗萧　　会计：李丽

ICBC 中国工商银行　业务回单（收款）凭证

入账时间：2012-12-30
付款人户名：北京广发证券有限公司
付款人账号：3334522157412563
付款人开户银行：工行北京支行
收款人户名：北京鑫顺股份有限公司
收款人账号：7780802387436
币种：　人民币（本位币）　金额（小写）¥6 000 000.00
金额（大写）：陆佰万元整
凭证种类：资金汇划　凭证号码：002364147
业务（产品）种类：汇划收报确认　摘要：
交易机构号：0030001027　记账柜员号：00118　交易代码：02006　用途：
客户附言：　用途：

打印次数：1 次　机打回单注意重复　打印日期：2012-12-30

例 91：2012 年 12 月 30 日，经批准鑫顺公司将资本公积的 500 000 元转增资本。

借：资本公积 500 000

贷：实收资本 500 000

北京鑫顺股份有限公司股东大会决议

时间：2012 年 12 月 30 日上午 11:00

地点：北京浩瀚大酒店 18 楼会议室

参会人员：马致远(董事长)等 25 人

经股东会一致同意，形成决议如下：

通过董事会《用 50 万元转增资本的议案》

全体股东签字：

（法人股东加盖公章并由法定代表人签字，自然人股东亲笔签字）

马致远

北京鑫顺股份有限公司盖章： 2012 年 12 月 30 日

（六）营业税金及附加

例 92：2012 年 12 月 31 日，依据本月其他业务收入 55 000 元，计算本月应交营业税为 2 750 元。

借：营业税金及附加 2 750

贷：应交税费——应交营业税 2 750

应交营业税计算单

编制部门：财务部 2012 年 12 月 31 日 金额单位：元

项目 税种	计税基数		税率 （或征收比率）	应纳税额
	其他业务收入	合计		
营业税	55 000.00	55 000.00	5%	2 750.00
合计				2 750.00

例 93：2012 年 12 月 31 日，依据本月应交增值税 208 033 元，应交营业税 2 750 元，计算本月应交的城建税、教育费附加。

借：营业税金及附加 21 078.3

贷：应交税费——应交城建税 14 754.81

——应交教育费附加 6 323.49

应交城建税、教育费附加计算单

编制部门：财务部　　　　2012 年 12 月 31 日　　　　金额单位：元

项目 / 税种	计税基数			税率（或征收比率）	应纳税额
	增值税	营业税	合计		
城建税	208 033. 00	2 750. 00	210 783. 00	7%	14 754. 81
教育费附加	208 033. 00	2 750. 00	210 783. 00	3%	6 323. 49
合计					21 078. 30

(七)所得税费用

例 94：2012 年 12 月 31 日，计提所得税费用。

借：所得税费用　　146 190. 18

　　贷：应交税费——应交所得税　　146 190. 18

(八)本年利润

例 95：2012 年 12 月 31 日，将本月收入结转。

借：主营业务收入　　2 060 000

　　其他业务收入　　55 000

　　营业外收入　　7 280

　　贷：本年利润　　2 122 280

例 96：2012 年 12 月 31 日，结转净收益。

借：投资收益　　13 200

　　公允价值变动损益　　2 000

　　贷：本年利润　　15 200

例 97：2012 年 12 月 31 日，将本月各种成本、费用及损失结转。

借：本年利润　　1 552 719. 30

　　贷：主营业务成本　　1 290 000. 00

　　　　营业税金及附加　　23 828. 30

　　　　其他业务成本　　400. 00

　　　　销售费用　　135 500. 00

　　　　管理费用　　41 731. 00

　　　　财务费用　　1 595. 00

　　　　营业外支出　　62 855. 00

例 98：2012 年 12 月 31 日，结转所得税。

借：本年利润　　146 190. 18

　　贷：所得税费用　　146 190. 18

（九）盈余公积

例 99：2012 年 12 月 31 日，（按例 95 + 例 96 - 例 97 - 例 98）的本年利润的 10% 计提法定盈余公积。

借：利润分配——提取法定盈余公积　　43 857.05

　　贷：盈余公积——法定盈余公积　　43 857.05

（十）利润分配

例 100：2012 年 12 月 31 日，将“法定盈余公积”转入“利润分配”科目。

借：利润分配——未分配利润　　43 857.05

　　贷：利润分配——提取法定盈余公积　　43 857.05

例 101：2012 年 12 月 31 日，将“本年利润”转入“利润分配”科目。

借：本年利润　　438 570.52

　　贷：利润分配——未分配利润　　438 570.52

六、发放股利和结转增值税

（一）发放股利

例 102：2012 年 12 月 31 日，鑫顺公司经股东大会审议，决定用净利润的 30% 作为现金股利发放。

借：应付股利　　131 571.16

　　贷：银行存款　　131 571.16

北京鑫顺股份有限公司 2012 年度股东大会决议

时间：2012 年 12 月 31 日上午 10:00
地点：北京浩瀚大酒店 20 楼会议室
参会人员：马致远（董事长）等 25 人

议程：经股东会一致同意，形成决议如下。
1. 审议通过了《关于董事会 2012 年工作报告的议案》。
……
2. 审议通过了《关于监事会工作报告的议案》。
……
3. 审议通过了《关于 2012 年度利润分配方案的议案》。
分配普通股现金股利 131 571.16 元。

全体股东签字：
（法人股东加盖公章并由法定代表人签字，自然人股东亲笔签字）
马致远
北京鑫顺股份有限公司盖章：

2012 年 12 月 31 日

（二）结转增值税

例 103：2012 年 12 月 31 日，计算当月应交未交的增值税，本月发生的销项税额为 370 600 元，进项税额为 159 937 元，已交增值税额为 2 630 元，企业本月应交的增值税为 208 033 元(370 600 - 159 937 - 2 630)。

借：应交税费——应交增值税（转出未交增值税）　　208 033

　　贷：应交税费——未交增值税　　208 033

第二章　日常业务会计处理

一、流动资产

（一）货币资金

1. 库存现金

记账凭证

2012 年 12 月 01 日　　　　记字第 1 号

摘要	总账科目	明细科目	过账	借方金额										过账	贷方金额								
				千	百	十	万	千	百	十	元	角	分		千	百	十	万	千	百	十	元	角	分
支取备用金	库存现金		√				2	0	0	0	0	0	0											
	银行存款													√				2	0	0	0	0	0	0
合　计						¥	2	0	0	0	0	0	0				¥	2	0	0	0	0	0	0

附件　张

财务主管：杨明　　记账：李丽　　出纳：李冬娴　　审核：张庆　　制单：赵景

记账凭证

2012 年 12 月 02 日　　　　记字第 2 号

摘要	总账科目	明细科目	过账	借方金额										过账	贷方金额								
				千	百	十	万	千	百	十	元	角	分		千	百	十	万	千	百	十	元	角	分
购买办公用品	管理费用		√						9	0	0	0	0										
	库存现金													√						9	0	0	0	0
合　计								¥	9	0	0	0	0						¥	9	0	0	0	0

附件　张

财务主管：杨明　　记账：李丽　　出纳：李冬娴　　审核：张庆　　制单：赵景

记账凭证

2012 年 12 月 02 日　　　　记字第 3 号

摘要	总账科目	明细科目	过账	借方金额										过账	贷方金额								
				千	百	十	万	千	百	十	元	角	分		千	百	十	万	千	百	十	元	角	分
将现金存入银行	银行存款		√				3	0	0	0	0	0	0										
	库存现金													√				3	0	0	0	0	0	0
合　计						¥	3	0	0	0	0	0	0				¥	3	0	0	0	0	0	0

附件　张

财务主管：杨明　　记账：李丽　　出纳：李冬娴　　审核：张庆　　制单：赵景

记账凭证

2012 年 12 月 02 日　　　　记字第 4 号

摘要	总账科目	明细科目	过账	借方金额										过账	贷方金额								
				千	百	十	万	千	百	十	元	角	分		千	百	十	万	千	百	十	元	角	分
预支差旅费	其他应收款	李明	√					5	0	0	0	0	0											
	库存现金													√					5	0	0	0	0	0
合计							¥	5	0	0	0	0	0					¥	5	0	0	0	0	0

附件　张

财务主管：杨明　　记账：李丽　　出纳：李冬娴　　审核：张庆　　制单：赵景

2. 银行存款

记账凭证

2012 年 12 月 03 日　　　　记字第 5 号

摘要	总账科目	明细科目	过账	借方金额										过账	贷方金额								
				千	百	十	万	千	百	十	元	角	分		千	百	十	万	千	百	十	元	角	分
支付电话费	销售费用		√					4	0	0	0	0	0											
	银行存款													√					4	0	0	0	0	0
合计							¥	4	0	0	0	0	0					¥	4	0	0	0	0	0

附件　张

财务主管：杨明　　记账：李丽　　出纳：李冬娴　　审核：张庆　　制单：赵景

记账凭证

2012 年 12 月 03 日　　　　记字第 6 号

摘要	总账科目	明细科目	过账	借方金额										过账	贷方金额								
				千	百	十	万	千	百	十	元	角	分		千	百	十	万	千	百	十	元	角	分
购入固定资产	固定资产	电子产品	√				3	0	0	0	0	0	0											
	应交税费	应交增值税（进项税额）	√					5	1	0	0	0	0											
	银行存款													√				3	5	1	0	0	0	0
合　计						¥	3	5	1	0	0	0	0				¥	3	5	1	0	0	0	0

附件　张

财务主管：杨明　　记账：李丽　　出纳：李冬娴　　审核：张庆　　制单：赵景

记账凭证

2012 年 12 月 03 日　　　　记字第 7 号

摘要	总账科目	明细科目	过账	借方金额										过账	贷方金额								
				千	百	十	万	千	百	十	元	角	分		千	百	十	万	千	百	十	元	角	分
支付广告费	销售费用	广告费	√				1	0	0	0	0	0	0											
	银行存款													√				1	0	0	0	0	0	0
合　计						¥	1	0	0	0	0	0	0				¥	1	0	0	0	0	0	0

附件　张

财务主管：杨明　　记账：李丽　　出纳：李冬娴　　审核：张庆　　制单：赵景

记账凭证

2012 年 12 月 04 日　　　　记字第 8 号

摘要	总账科目	明细科目	过账	借方金额										过账	贷方金额								
				千	百	十	万	千	百	十	元	角	分		千	百	十	万	千	百	十	元	角	分
收到乙公司归还的欠款	银行存款		√				2	0	0	0	0	0	0											
	应收账款													√				2	0	0	0	0	0	0
合计						¥	2	0	0	0	0	0	0				¥	2	0	0	0	0	0	0

附件　张

财务主管：杨明　　记账：李丽　　出纳：李冬娴　　审核：张庆　　制单：赵景

记账凭证

2012 年 12 月 04 日　　　　记字第 9 号

摘要	总账科目	明细科目	过账	借方金额										过账	贷方金额								
				千	百	十	万	千	百	十	元	角	分		千	百	十	万	千	百	十	元	角	分
缴纳企业所得税	应交税费	应交所得税	√					1	8	6	2	0	0											
	银行存款													√					1	8	6	2	0	0
合计							¥	1	8	6	2	0	0					¥	1	8	6	2	0	0

附件　张

财务主管：杨明　　记账：李丽　　出纳：李冬娴　　审核：张庆　　制单：赵景

记账凭证

2012 年 12 月 04 日　　　　记字第 10 号

摘 要	总账科目	明细科目	过账	借方金额										过账	贷方金额								
				千	百	十	万	千	百	十	元	角	分		千	百	十	万	千	百	十	元	角	分
缴纳城市维护建设税	应交税费	应交城建税	√						3	1	2	0	0											
	银行存款													√						3	1	2	0	0
合 计								¥	3	1	2	0	0						¥	3	1	2	0	0

附件　张

财务主管：杨明　　记账：李丽　　出纳：李冬娴　　审核：张庆　　制单：赵景

记账凭证

2012 年 12 月 04 日　　　　记字第 11 号

摘 要	总账科目	明细科目	过账	借方金额										过账	贷方金额								
				千	百	十	万	千	百	十	元	角	分		千	百	十	万	千	百	十	元	角	分
缴纳教育费附加	应交税费	应交教育费附加	√						1	3	3	7	1											
	银行存款													√						1	3	3	7	1
合 计								¥	1	3	3	7	1						¥	1	3	3	7	1

附件　张

财务主管：杨明　　记账：李丽　　出纳：李冬娴　　审核：张庆　　制单：赵景

记账凭证

2012 年 12 月 04 日　　　　记字第 12 号

摘 要	总账科目	明细科目	过账	借方金额										过账	贷方金额									
				千	百	十	万	千	百	十	元	角	分		千	百	十	万	千	百	十	元	角	分
缴纳房产税	应交税费	应交房产税	√					3	4	5	3	2	9											
	银行存款													√					3	4	5	3	2	9
合 计							¥	3	4	5	3	2	9					¥	3	4	5	3	2	9

附件 张

财务主管：杨明　　记账：李丽　　出纳：李冬娴　　审核：张庆　　制单：赵景

3. 其他货币资金

记账凭证

2012 年 12 月 05 日　　　　记字第 13 号

摘 要	总账科目	明细科目	过账	借方金额										过账	贷方金额									
				千	百	十	万	千	百	十	元	角	分		千	百	十	万	千	百	十	元	角	分
购入原材料	原材料		√			1	4	2	5	0	0	0	0											
	应交税费	应交增值税（进项税额）	√				2	4	2	2	5	0	0											
	其他货币资金	银行汇票												√			1	6	6	7	2	5	0	0
合 计					¥	1	6	6	7	2	5	0	0			¥	1	6	6	7	2	5	0	0

附件 张

财务主管：杨明　　记账：李丽　　出纳：李冬娴　　审核：张庆　　制单：赵景

记账凭证

2012 年 12 月 05 日 记字第 14 号

摘要	总账科目	明细科目	过账	借方金额										过账	贷方金额								
				千	百	十	万	千	百	十	元	角	分		千	百	十	万	千	百	十	元	角	分
收到银行汇票的多余款	银行存款		√					3	2	7	5	0	0										
	其他货币资金	银行汇票												√					3	2	7	5	0	0
合计							¥	3	2	7	5	0	0					¥	3	2	7	5	0	0

附件 张

财务主管：杨明 记账：李丽 出纳：李冬娴 审核：张庆 制单：赵景

（二）交易性金融资产

记账凭证

2012 年 12 月 05 日 记字第 $15\frac{1}{2}$号

摘要	总账科目	明细科目	过账	借方金额										过账	贷方金额								
				千	百	十	万	千	百	十	元	角	分		千	百	十	万	千	百	十	元	角	分
核算利息	应收利息	龙华公司	√					6	0	0	0	0	0										
	投资收益	债券利息												√					6	0	0	0	0	0
合计							¥	6	0	0	0	0	0					¥	6	0	0	0	0	0

附件 张

财务主管：杨明 记账：李丽 出纳：李冬娴 审核：张庆 制单：赵景

记账凭证

2012 年 12 月 05 日　　　　记字第 15⅔号

摘要	总账科目	明细科目	过账	借方金额										过账	贷方金额									
				千	百	十	万	千	百	十	元	角	分		千	百	十	万	千	百	十	元	角	分
收到本息	银行存款		√			2	0	6	0	0	0	0	0											
	应收利息	龙华公司												√					6	0	0	0	0	0
	交易性金融资产	债券投资												√			2	0	0	0	0	0	0	0
合　计					¥	2	0	6	0	0	0	0	0			¥	2	0	6	0	0	0	0	0

附件　张

财务主管：杨明　　记账：李丽　　出纳：李冬娴　　审核：张庆　　制单：赵景

记账凭证

2012 年 12 月 05 日　　　　记字第 16 号

摘要	总账科目	明细科目	过账	借方金额										过账	贷方金额									
				千	百	十	万	千	百	十	元	角	分		千	百	十	万	千	百	十	元	角	分
购进股票	交易性金融资产		√			1	0	5	0	0	0	0	0											
	投资收益		√					2	0	0	0	0	0											
	银行存款												√				1	0	7	0	0	0	0	0
合　计					¥	1	0	7	0	0	0	0	0			¥	1	0	7	0	0	0	0	0

附件　张

财务主管：杨明　　记账：李丽　　出纳：李冬娴　　审核：张庆　　制单：赵景

记账凭证

2012 年 12 月 06 日　　　　记字第 17 号

摘 要	总账科目	明细科目	过账	借方金额										过账	贷方金额									
				千	百	十	万	千	百	十	元	角	分		千	百	十	万	千	百	十	元	角	分
公允价值变动	交易性金融资产	公允价值变动	√					2	0	0	0	0	0											
	公允价值变动损益													√					2	0	0	0	0	0
合 计							¥	2	0	0	0	0	0					¥	2	0	0	0	0	0

附件　张

财务主管：杨明　　记账：李丽　　出纳：李冬娴　　审核：张庆　　制单：赵景

（三）应收款项

1. 应收票据

记账凭证

2012 年 12 月 06 日　　　　记字第 18 号

摘 要	总账科目	明细科目	过账	借方金额										过账	贷方金额									
				千	百	十	万	千	百	十	元	角	分		千	百	十	万	千	百	十	元	角	分
销售乙产品	应收票据		√				9	3	6	0	0	0	0											
	主营业务收入													√				8	0	0	0	0	0	0
	应交税费	应交增值税（销项税额）												√				1	3	6	0	0	0	0
合 计						¥	9	3	6	0	0	0	0				¥	9	3	6	0	0	0	0

附件　张

财务主管：杨明　　记账：李丽　　出纳：李冬娴　　审核：张庆　　制单：赵景

记账凭证

2012 年 12 月 07 日　　　　记字第 19$\frac{1}{2}$号

摘要	总账科目	明细科目	过账	借方金额										过账	贷方金额									
				千	百	十	万	千	百	十	元	角	分		千	百	十	万	千	百	十	元	角	分
取得贴现所	银行存款		√				9	9	7	0	5	0	0											
得款项	应收票据													√				9	9	7	0	5	0	0
合计						¥	9	9	7	0	5	0	0				¥	9	9	7	0	5	0	0

附件　张

财务主管：杨明　　记账：李丽　　出纳：李冬娴　　审核：张庆　　制单：赵景

记账凭证

2012 年 12 月 07 日　　　　记字第 19$\frac{2}{2}$号

摘要	总账科目	明细科目	过账	借方金额										过账	贷方金额									
				千	百	十	万	千	百	十	元	角	分		千	百	十	万	千	百	十	元	角	分
确认票据利息及贴现息	财务费用		√						2	9	5	0	0											
	应收票据													√						2	9	5	0	0
合计								¥	2	9	5	0	0						¥	2	9	5	0	0

附件　张

财务主管：杨明　　记账：李丽　　出纳：李冬娴　　审核：张庆　　制单：赵景

2. 应收账款

记账凭证

2012 年 12 月 07 日　　　　记字第 20 号

摘要	总账科目	明细科目	过账	借方金额										过账	贷方金额									
				千	百	十	万	千	百	十	元	角	分		千	百	十	万	千	百	十	元	角	分
销售乙产品	应收账款	祥瑞公司	√			7	0	5	6	0	0	0	0											
	主营业务收入													√			6	0	0	0	0	0	0	0
	应交税费	应交增值税（销项税额）												√			1	0	2	0	0	0	0	0
	银行存款													√					3	6	0	0	0	0
合　计					¥	7	0	5	6	0	0	0	0			¥	7	0	5	6	0	0	0	0

附件　张

财务主管：杨明　　记账：李丽　　出纳：李冬娴　　审核：张庆　　制单：赵景

记账凭证

2012 年 12 月 08 日　　　　记字第 21 号

摘要	总账科目	明细科目	过账	借方金额										过账	贷方金额									
				千	百	十	万	千	百	十	元	角	分		千	百	十	万	千	百	十	元	角	分
收到祥瑞公司货款	银行存款		√			7	0	5	6	0	0	0	0											
	应收账款	祥瑞公司												√			7	0	5	6	0	0	0	0
合　计					¥	7	0	5	6	0	0	0	0			¥	7	0	5	6	0	0	0	0

附件　张

财务主管：杨明　　记账：李丽　　出纳：李冬娴　　审核：张庆　　制单：赵景

3. 预付账款

记账凭证

2012 年 12 月 08 日　　　　记字第 22 号

摘要	总账科目	明细科目	过账	借方金额										过账	贷方金额								
				千	百	十	万	千	百	十	元	角	分		千	百	十	万	千	百	十	元	角	分
支付预付款	预付账款		√				6	0	0	0	0	0	0										
	银行存款													√				6	0	0	0	0	0	0
合计						¥	6	0	0	0	0	0	0				¥	6	0	0	0	0	0	0

附件　张

财务主管：杨明　　记账：李丽　　出纳：李冬娴　　审核：张庆　　制单：赵景

记账凭证

2012 年 12 月 10 日　　　　记字第 23 号

摘要	总账科目	明细科目	过账	借方金额										过账	贷方金额								
				千	百	十	万	千	百	十	元	角	分		千	百	十	万	千	百	十	元	角	分
收到 A 材料	原材料		√				5	0	0	0	0	0	0										
	应交税费	应交增值税（进项税额）	√					8	5	0	0	0	0										
	预付账款													√				5	8	5	0	0	0	0
合计						¥	5	8	5	0	0	0	0				¥	5	8	5	0	0	0	0

附件　张

财务主管：杨明　　记账：李丽　　出纳：李冬娴　　审核：张庆　　制单：赵景

记账凭证

2012 年 12 月 10 日　　　　　　　　记字第 24 号

摘要	总账科目	明细科目	过账	借方金额										过账	贷方金额									
				千	百	十	万	千	百	十	元	角	分		千	百	十	万	千	百	十	元	角	分
收到退回的多余款	银行存款		√					1	5	0	0	0	0											
	预付账款													√					1	5	0	0	0	0
合　计							¥	1	5	0	0	0	0					¥	1	5	0	0	0	0

附件　张

财务主管：杨明　　记账：李丽　　出纳：李冬娴　　审核：张庆　　制单：赵景

4. 其他应收款

记账凭证

2012 年 12 月 10 日　　　　　　　　记字第 25 号

摘要	总账科目	明细科目	过账	借方金额										过账	贷方金额									
				千	百	十	万	千	百	十	元	角	分		千	百	十	万	千	百	十	元	角	分
报销差旅费	管理费用		√					4	5	0	0	0	0											
	库存现金		√						5	0	0	0	0											
	其他应收款	李明												√					5	0	0	0	0	0
合　计							¥	5	0	0	0	0	0					¥	5	0	0	0	0	0

附件　张

财务主管：杨明　　记账：李丽　　出纳：李冬娴　　审核：张庆　　制单：赵景

记账凭证

2012 年 12 月 10 日　　　　记字第 26 号

摘要	总账科目	明细科目	过账	借方金额										过账	贷方金额								
				千	百	十	万	千	百	十	元	角	分		千	百	十	万	千	百	十	元	角	分
保险公司赔偿金	其他应收款	平安保险公司	√			2	0	0	0	0	0	0	0											
	固定资产清理	运输汽车												√			2	0	0	0	0	0	0	0
合　计					¥	2	0	0	0	0	0	0	0			¥	2	0	0	0	0	0	0	0

附件　张

财务主管：杨明　　记账：李丽　　出纳：李冬娴　　审核：张庆　　制单：赵景

（四）存货

1. 原材料

记账凭证

2012 年 12 月 10 日　　　　记字第 27 号

摘要	总账科目	明细科目	过账	借方金额										过账	贷方金额								
				千	百	十	万	千	百	十	元	角	分		千	百	十	万	千	百	十	元	角	分
购入原材料	原材料		√				4	0	9	0	0	0	0											
	应交税费	应交增值税（进项税额）	√					6	8	0	0	0	0											
	银行存款													√				4	7	7	0	0	0	0
合　计						¥	4	7	7	0	0	0	0				¥	4	7	7	0	0	0	0

附件　张

财务主管：杨明　　记账：李丽　　出纳：李冬娴　　审核：张庆　　制单：赵景

记 账 凭 证

2012 年 12 月 11 日　　　　　　记字第 28 号

摘 要	总账科目	明细科目	过账	借方金额										过账	贷方金额									
				千	百	十	万	千	百	十	元	角	分		千	百	十	万	千	百	十	元	角	分
材料验收入库	原材料		√				5	0	9	3	0	0	0											
	应交税费	应交增值税（进项税额）	√					8	5	7	0	0	0											
	银行存款		√					2	0	0	0	0	0											
	其他货币资金													√				6	1	5	0	0	0	0
合 计						¥	6	1	5	0	0	0	0				¥	6	1	5	0	0	0	0

附件　张

财务主管：杨明　　记账：李丽　　出纳：李冬娴　　审核：张庆　　制单：赵景

记 账 凭 证

2012 年 12 月 11 日　　　　　　记字第 29 号

摘 要	总账科目	明细科目	过账	借方金额										过账	贷方金额									
				千	百	十	万	千	百	十	元	角	分		千	百	十	万	千	百	十	元	角	分
甲材料毁损	待处理财产损溢	待处理流动资产损溢	√						1	8	0	0	0											
	原材料													√						1	8	0	0	0
合 计								¥	1	8	0	0	0						¥	1	8	0	0	0

附件　张

财务主管：杨明　　记账：李丽　　出纳：李冬娴　　审核：张庆　　制单：赵景

记账凭证

2012 年 12 月 12 日　　　　记字第 30 号

摘要	总账科目	明细科目	过账	借方金额										过账	贷方金额									
				千	百	十	万	千	百	十	元	角	分		千	百	十	万	千	百	十	元	角	分
赔偿原材料	其他应收款	李明	√						1	8	0	0	0											
	待处理财产损溢	待处理流动资产损溢												√						1	8	0	0	0
合　计								¥	1	8	0	0	0						¥	1	8	0	0	0

附件　张

财务主管：杨明　　记账：李丽　　出纳：李冬娴　　审核：张庆　　制单：赵景

2. 库存商品

记账凭证

2012 年 12 月 12 日　　　　记字第 31 号

摘要	总账科目	明细科目	过账	借方金额										过账	贷方金额									
				千	百	十	万	千	百	十	元	角	分		千	百	十	万	千	百	十	元	角	分
购买甲商品	库存商品		√				1	0	0	0	0	0	0											
	应交税费	应交增值税（进项税额）	√					1	7	0	0	0	0											
	银行存款													√				1	1	7	0	0	0	0
合　计						¥	1	1	7	0	0	0	0				¥	1	1	7	0	0	0	0

附件　张

财务主管：杨明　　记账：李丽　　出纳：李冬娴　　审核：张庆　　制单：赵景

记账凭证

2012 年 12 月 12 日　　　　　　　　记字第 32 号

摘 要	总账科目	明细科目	过账	借方金额										过账	贷方金额									
				千	百	十	万	千	百	十	元	角	分		千	百	十	万	千	百	十	元	角	分
盘盈库存商品	库存商品		√					4	0	0	0	0	0											
	管理费用													√					4	0	0	0	0	0
合　计							¥	4	0	0	0	0	0					¥	4	0	0	0	0	0

附件　张

财务主管：杨明　　记账：李丽　　出纳：李冬娴　　审核：张庆　　制单：赵景

记账凭证

2012 年 12 月 12 日　　　　　　　　记字第 33 号

摘 要	总账科目	明细科目	过账	借方金额										过账	贷方金额									
				千	百	十	万	千	百	十	元	角	分		千	百	十	万	千	百	十	元	角	分
抵偿应收账款	库存商品		√				8	0	0	0	0	0	0											
	应交税费	应交增值税（进项税额）	√				1	3	6	0	0	0	0											
	营业外支出		√				2	3	4	0	0	0	0											
	应收账款													√			1	1	7	0	0	0	0	0
合　计					¥	1	1	7	0	0	0	0	0			¥	1	1	7	0	0	0	0	0

附件　张

财务主管：杨明　　记账：李丽　　出纳：李冬娴　　审核：张庆　　制单：赵景

3. 周转材料

记账凭证

2012 年 12 月 12 日　　　　　　　　记字第 34 号

摘要	总账科目	明细科目	过账	借方金额										过账	贷方金额									
				千	百	十	万	千	百	十	元	角	分		千	百	十	万	千	百	十	元	角	分
购入周转材料	周转材料		√					5	0	0	0	0	0											
	应交税费	应交增值税（进项税额）	√						8	5	0	0	0											
	银行存款													√					5	8	5	0	0	0
合　计							¥	5	8	5	0	0	0					¥	5	8	5	0	0	0

附件　张

财务主管：杨明　　记账：李丽　　出纳：李冬娴　　审核：张庆　　制单：赵景

记账凭证

2012 年 12 月 12 日　　　　　　　　记字第 35 号

摘要	总账科目	明细科目	过账	借方金额										过账	贷方金额									
				千	百	十	万	千	百	十	元	角	分		千	百	十	万	千	百	十	元	角	分
领用包装物	管理费用		√					3	0	0	0	0	0											
	周转材料	包装物												√					3	0	0	0	0	0
合　计							¥	3	0	0	0	0	0					¥	3	0	0	0	0	0

附件　张

财务主管：杨明　　记账：李丽　　出纳：李冬娴　　审核：张庆　　制单：赵景

二、非流动资产

(一)可供出售金融资产

记账凭证

2012 年 12 月 12 日　　　　　　　　记字第 36 号

摘 要	总账科目	明细科目	过	借方金额										过	贷方金额									
			账	千	百	十	万	千	百	十	元	角	分	账	千	百	十	万	千	百	十	元	角	分
购入股票	可供出售金融资产	成本	√			3	0	0	6	0	0	0	0											
	银行存款													√			3	0	0	6	0	0	0	0
合 计					¥	3	0	0	6	0	0	0	0			¥	3	0	0	6	0	0	0	0

附件　张

财务主管：杨明　　记账：李丽　　出纳：李冬娴　　审核：张庆　　制单：赵景

记账凭证

2012 年 12 月 14 日　　　　　　　　记字第 37 号

摘 要	总账科目	明细科目	过	借方金额										过	贷方金额									
			账	千	百	十	万	千	百	十	元	角	分	账	千	百	十	万	千	百	十	元	角	分
股票升值	可供出售金融资产	公允价值变动	√				1	9	4	0	0	0	0											
	资本公积	其他资本公积												√				1	9	4	0	0	0	0
合 计						¥	1	9	4	0	0	0	0				¥	1	9	4	0	0	0	0

附件　张

财务主管：杨明　　记账：李丽　　出纳：李冬娴　　审核：张庆　　制单：赵景

（二）持有至到期投资

记账凭证

2012年12月14日　　　　　　　　记字第38号

摘要	总账科目	明细科目	过账	借方金额										过账	贷方金额								
				千	百	十	万	千	百	十	元	角	分		千	百	十	万	千	百	十	元	角	分
出售债券	银行存款		√				2	1	2	0	0	0	0											
	持有至到期投资	利息调整												√					1	0	0	0	0	0
	持有至到期投资	成本												√				2	0	0	0	0	0	0
	投资收益													√						2	0	0	0	0
合计						¥	2	1	2	0	0	0	0				¥	2	1	2	0	0	0	0

附件　张

财务主管：杨明　　记账：李丽　　出纳：李冬娴　　审核：张庆　　制单：赵景

（三）长期股权投资

记账凭证

2012年12月14日　　　　　　　　记字第39号

摘要	总账科目	明细科目	过账	借方金额										过账	贷方金额								
				千	百	十	万	千	百	十	元	角	分		千	百	十	万	千	百	十	元	角	分
购买B公司发行的股票	长期股权投资		√				4	9	7	0	0	0	0											
	应收股利		√					2	0	0	0	0	0											
	银行存款													√				5	1	7	0	0	0	0
合计						¥	5	1	7	0	0	0	0				¥	5	1	7	0	0	0	0

附件　张

财务主管：杨明　　记账：李丽　　出纳：李冬娴　　审核：张庆　　制单：赵景

记账凭证

2012 年 12 月 16 日　　　　记字第 40 号

摘要	总账科目	明细科目	过账	借方金额										过账	贷方金额								
				千	百	十	万	千	百	十	元	角	分		千	百	十	万	千	百	十	元	角	分
出售长期股权投资	银行存款		√				9	9	0	0	0	0	0											
	长期股权投资													√				9	0	0	0	0	0	0
	投资收益													√					9	0	0	0	0	0
合　计						¥	9	9	0	0	0	0	0				¥	9	9	0	0	0	0	0

附件　张

财务主管：杨明　　记账：李丽　　出纳：李冬娴　　审核：张庆　　制单：赵景

（四）投资性房地产

记账凭证

2012 年 12 月 16 日　　　　记字第 41 号

摘要	总账科目	明细科目	过账	借方金额										过账	贷方金额								
				千	百	十	万	千	百	十	元	角	分		千	百	十	万	千	百	十	元	角	分
成本模式将自用的 A 建筑物出租	投资性房地产	成本	√			3	0	0	0	0	0	0	0											
	累计折旧		√				6	0	0	0	0	0	0											
	固定资产减值准备		√				1	5	0	0	0	0	0											
	固定资产													√			3	0	0	0	0	0	0	0
	投资性房地产累计折旧													√				6	0	0	0	0	0	0
	投资性房地产减值准备													√				1	5	0	0	0	0	0
合　计					¥	3	7	5	0	0	0	0	0			¥	3	7	5	0	0	0	0	0

附件　张

财务主管：杨明　　记账：李丽　　出纳：李冬娴　　审核：张庆　　制单：赵景

记账凭证

2012 年 12 月 16 日　　　　　　　　记字第 42 号

摘 要	总账科目	明细科目	过账	借方金额 千	百	十	万	千	百	十	元	角	分	过账	贷方金额 千	百	十	万	千	百	十	元	角	分
出租厂房转自用	固定资产	成本	√			2	5	6	0	0	0	0	0											
	投资性房地产累计折旧		√				5	0	0	0	0	0	0											
	投资性房地产													√			2	5	6	0	0	0	0	0
	累计折旧													√				5	0	0	0	0	0	0
合 计					¥	3	0	6	0	0	0	0	0			¥	3	0	6	0	0	0	0	0

附件　张

财务主管：杨明　　记账：李丽　　出纳：李冬娴　　审核：张庆　　制单：赵景

（五）固定资产

记账凭证

2012 年 12 月 16 日　　　　　　　　记字第 43 号

摘 要	总账科目	明细科目	过账	借方金额 千	百	十	万	千	百	十	元	角	分	过账	贷方金额 千	百	十	万	千	百	十	元	角	分
购入无需安装的生产设备	固定资产		√				7	3	7	2	0	0	0											
	应交税费	应交增值税（进项税额）	√				1	2	1	8	0	0	0											
	银行存款													√				8	5	9	0	0	0	0
合 计						¥	8	5	9	0	0	0	0				¥	8	5	9	0	0	0	0

附件　张

财务主管：杨明　　记账：李丽　　出纳：李冬娴　　审核：张庆　　制单：赵景

记账凭证

2012 年 12 月 17 日　　　　记字第 44⅓号

摘要	总账科目	明细科目	过账	借方金额										过账	贷方金额									
				千	百	十	万	千	百	十	元	角	分		千	百	十	万	千	百	十	元	角	分
将报废打印机转入清理	固定资产清理		√					1	5	3	0	0	0											
	累计折旧		√					1	3	2	0	0	0											
	固定资产													√					2	8	5	0	0	0
合　计							¥	2	8	5	0	0	0					¥	2	8	5	0	0	0

附件　张

财务主管：杨明　　记账：李丽　　出纳：李冬娴　　审核：张庆　　制单：赵景

记账凭证

2012 年 12 月 17 日　　　　记字第 44⅔号

摘要	总账科目	明细科目	过账	借方金额										过账	贷方金额									
				千	百	十	万	千	百	十	元	角	分		千	百	十	万	千	百	十	元	角	分
收回残料收入	库存现金		√							7	5	0	0											
	固定资产清理													√							7	5	0	0
合　计									¥	7	5	0	0							¥	7	5	0	0

附件　张

财务主管：杨明　　记账：李丽　　出纳：李冬娴　　审核：张庆　　制单：赵景

记账凭证

2012年12月17日　　　　记字第$44\frac{2}{3}$号

摘要	总账科目	明细科目	过账	借方金额										过账	贷方金额									
				千	百	十	万	千	百	十	元	角	分		千	百	十	万	千	百	十	元	角	分
结转报废固定资产发生的净损失	营业外支出	非流动资产处置损失	√					1	4	5	5	0	0											
	固定资产清理													√					1	4	5	5	0	0
合计							¥	1	4	5	5	0	0					¥	1	4	5	5	0	0

附件　张

财务主管：杨明　　记账：李丽　　出纳：李冬娴　　审核：张庆　　制单：赵景

记账凭证

2012年12月17日　　　　记字第45号

摘要	总账科目	明细科目	过账	借方金额										过账	贷方金额									
				千	百	十	万	千	百	十	元	角	分		千	百	十	万	千	百	十	元	角	分
购买小汽车	固定资产		√			2	5	0	0	0	0	0	0											
	应交税费	应交增值税（进项税额）	√				4	2	5	0	0	0	0											
	银行存款													√			2	9	2	5	0	0	0	0
合计					¥	2	9	2	5	0	0	0	0			¥	2	9	2	5	0	0	0	0

附件　张

财务主管：杨明　　记账：李丽　　出纳：李冬娴　　审核：张庆　　制单：赵景

（六）无形资产

记账凭证

2012 年 12 月 17 日　　　　记字第 46 号

摘要	总账科目	明细科目	过账	借方金额										过账	贷方金额									
				千	百	十	万	千	百	十	元	角	分		千	百	十	万	千	百	十	元	角	分
购入一项专利	无形资产	专利权	√				8	5	0	0	0	0	0											
	银行存款													√				8	5	0	0	0	0	0
合计						¥	8	5	0	0	0	0	0				¥	8	5	0	0	0	0	0

附件　张

财务主管：杨明　　记账：李丽　　出纳：李冬娴　　审核：张庆　　制单：赵景

（七）长期待摊费用

记账凭证

2012 年 12 月 17 日　　　　记字第 47 号

摘要	总账科目	明细科目	过账	借方金额										过账	贷方金额									
				千	百	十	万	千	百	十	元	角	分		千	百	十	万	千	百	十	元	角	分
租入办公用房一处	长期待摊费用		√			2	0	0	0	0	0	0	0											
	银行存款													√			2	0	0	0	0	0	0	0
合计					¥	2	0	0	0	0	0	0	0			¥	2	0	0	0	0	0	0	0

附件　张

财务主管：杨明　　记账：李丽　　出纳：李冬娴　　审核：张庆　　制单：赵景

三、流动负债

(一)短期借款

记账凭证

2012 年 12 月 17 日　　　　记字第 48 号

摘 要	总账科目	明细科目	过账	借方金额										过账	贷方金额								
				千	百	十	万	千	百	十	元	角	分		千	百	十	万	千	百	十	元	角	分
取得短期借款	银行存款		√			1	5	0	0	0	0	0	0											
	短期借款													√			1	5	0	0	0	0	0	0
合 计					¥	1	5	0	0	0	0	0	0			¥	1	5	0	0	0	0	0	0

附件　张

财务主管：杨明　　记账：李丽　　出纳：李冬娴　　审核：张庆　　制单：赵景

记账凭证

2012 年 12 月 18 日　　　　记字第 49 号

摘 要	总账科目	明细科目	过账	借方金额										过账	贷方金额								
				千	百	十	万	千	百	十	元	角	分		千	百	十	万	千	百	十	元	角	分
归还到期借款	短期借款		√				2	0	0	0	0	0	0											
	银行存款													√				2	0	0	0	0	0	0
合 计						¥	2	0	0	0	0	0	0				¥	2	0	0	0	0	0	0

附件　张

财务主管：杨明　　记账：李丽　　出纳：李冬娴　　审核：张庆　　制单：赵景

（二）应付票据

记账凭证

2012 年 12 月 18 日　　　　记字第 50 号

摘要	总账科目	明细科目	过账	借方金额										过账	贷方金额								
				千	百	十	万	千	百	十	元	角	分		千	百	十	万	千	百	十	元	角	分
开出承兑汇票支付欠款	应付账款	兴隆公司	√				2	0	0	0	0	0	0										
	应付票据													√				2	0	0	0	0	0	0
合计						¥	2	0	0	0	0	0	0				¥	2	0	0	0	0	0	0

附件　张

财务主管：杨明　　记账：李丽　　出纳：李冬娴　　审核：张庆　　制单：赵景

记账凭证

2012 年 12 月 18 日　　　　记字第 51 号

摘要	总账科目	明细科目	过账	借方金额										过账	贷方金额								
				千	百	十	万	千	百	十	元	角	分		千	百	十	万	千	百	十	元	角	分
购入原材料	原材料		√				1	5	5	5	8	0	0										
	应交税费	应交增值税（进项税额）	√					2	5	9	2	0	0										
	应付票据													√				1	8	1	5	0	0	0
合计						¥	1	8	1	5	0	0	0					1	8	1	5	0	0	0

附件　张

财务主管：杨明　　记账：李丽　　出纳：李冬娴　　审核：张庆　　制单：赵景

（三）应付账款

记账凭证

2012 年 12 月 18 日　　　　　　记字第 52 号

摘 要	总账科目	明细科目	过账	借方金额										过账	贷方金额									
				千	百	十	万	千	百	十	元	角	分		千	百	十	万	千	百	十	元	角	分
赊购商品	库存商品		√				4	0	0	0	0	0	0											
	应交税费	应交增值税（进项税额）	√					6	8	0	0	0	0											
	应付账款													√				4	6	8	0	0	0	0
合　计						¥	4	6	8	0	0	0	0				¥	4	6	8	0	0	0	0

附件　张

财务主管：杨明　　记账：李丽　　出纳：李冬娴　　审核：张庆　　制单：赵景

记账凭证

2012 年 12 月 19 日　　　　　　记字第 53 号

摘 要	总账科目	明细科目	过账	借方金额										过账	贷方金额									
				千	百	十	万	千	百	十	元	角	分		千	百	十	万	千	百	十	元	角	分
开出转账支票支付货款	应付账款		√				4	6	8	0	0	0	0											
	银行存款													√				4	6	8	0	0	0	0
合　计						¥	4	6	8	0	0	0	0				¥	4	6	8	0	0	0	0

附件　张

财务主管：杨明　　记账：李丽　　出纳：李冬娴　　审核：张庆　　制单：赵景

(四)预收账款

记账凭证

2012 年 12 月 19 日　　　　　　记字第 54 号

摘 要	总账科目	明细科目	过账	借方金额										过账	贷方金额								
				千	百	十	万	千	百	十	元	角	分		千	百	十	万	千	百	十	元	角	分
收到大发公司的预付款	银行存款		√				9	0	0	0	0	0	0											
	预收账款													√				9	0	0	0	0	0	0
合 计						¥	9	0	0	0	0	0	0				¥	9	0	0	0	0	0	0

附件　张

财务主管：杨明　　记账：李丽　　出纳：李冬娴　　审核：张庆　　制单：赵景

记账凭证

2012 年 12 月 20 日　　　　　　记字第 55 号

摘 要	总账科目	明细科目	过账	借方金额										过账	贷方金额								
				千	百	十	万	千	百	十	元	角	分		千	百	十	万	千	百	十	元	角	分
发出货物	预收账款	大发公司	√				9	0	0	0	0	0	0											
	银行存款		√			1	2	0	6	0	0	0	0											
	主营业务收入													√			1	8	0	0	0	0	0	0
	应交税费	应交增值税（销项税额）												√				3	0	6	0	0	0	0
合 计					¥	2	1	0	6	0	0	0	0			¥	2	1	0	6	0	0	0	0

附件　张

财务主管：杨明　　记账：李丽　　出纳：李冬娴　　审核：张庆　　制单：赵景

（五）应付职工薪酬

记账凭证

2012 年 12 月 20 日　　　　记字第 56 号

摘要	总账科目	明细科目	过账	借方金额										过账	贷方金额								
				千	百	十	万	千	百	十	元	角	分		千	百	十	万	千	百	十	元	角	分
支付业务培训费	应付职工薪酬	教育经费	√					2	4	0	0	0	0										
	库存现金													√					2	4	0	0	0	0
合计							¥	2	4	0	0	0	0					¥	2	4	0	0	0	0

附件　张

财务主管：杨明　记账：李丽　出纳：李冬娴　审核：张庆　制单：赵景

记账凭证

2012 年 12 月 20 日　　　　记字第 57 号

摘要	总账科目	明细科目	过账	借方金额										过账	贷方金额								
				千	百	十	万	千	百	十	元	角	分		千	百	十	万	千	百	十	元	角	分
支付生活困难补助费	应付职工薪酬	职工福利	√					3	6	0	0	0	0										
	库存现金													√					3	6	0	0	0	0
合计							¥	3	6	0	0	0	0					¥	3	6	0	0	0	0

附件　张

财务主管：杨明　记账：李丽　出纳：李冬娴　审核：张庆　制单：赵景

记账凭证

2012 年 12 月 20 日　　　　记字第 58 号

摘要	总账科目	明细科目	过账	借方金额										过账	贷方金额									
				千	百	十	万	千	百	十	元	角	分		千	百	十	万	千	百	十	元	角	分
支付职工工资	应付职工薪酬		√				4	0	0	0	0	0	0											
	库存现金													√				3	9	6	4	0	0	0
	应交税费	应交个人所得税												√						3	6	0	0	0
合计						¥	4	0	0	0	0	0	0				¥	4	0	0	0	0	0	0

附件　张

财务主管：杨明　　记账：李丽　　出纳：李冬娴　　审核：张庆　　制单：赵景

（六）应交税费

记账凭证

2012 年 12 月 20 日　　　　记字第 59 号

摘要	总账科目	明细科目	过账	借方金额										过账	贷方金额									
				千	百	十	万	千	百	十	元	角	分		千	百	十	万	千	百	十	元	角	分
用库存商品换入原材料	原材料		√			1	5	0	0	0	0	0	0											
	应交税费	应交增值税（进项税额）	√				2	5	5	0	0	0	0											
	库存商品													√			1	2	0	0	0	0	0	0
	银行存款													√				3	5	1	0	0	0	0
	应交税费	应交增值税（销项税额）												√				2	0	4	0	0	0	0
合计					¥	1	7	5	5	0	0	0	0			¥	1	7	5	5	0	0	0	0

附件　张

财务主管：杨明　　记账：李丽　　出纳：李冬娴　　审核：张庆　　制单：赵景

记账凭证

2012 年 12 月 21 日　　　　记字第 60 号

摘要	总账科目	明细科目	过账	借方金额										过账	贷方金额									
				千	百	十	万	千	百	十	元	角	分		千	百	十	万	千	百	十	元	角	分
预缴增值税	应交税费	应交增值税（已交税金）	√					2	6	3	0	0	0											
	银行存款													√					2	6	3	0	0	0
合　计							¥	2	6	3	0	0	0					¥	2	6	3	0	0	0

附件　张

财务主管：杨明　　记账：李丽　　出纳：李冬娴　　审核：张庆　　制单：赵景

（七）应付利息

记账凭证

2012 年 12 月 21 日　　　　记字第 61 号

摘要	总账科目	明细科目	过账	借方金额										过账	贷方金额									
				千	百	十	万	千	百	十	元	角	分		千	百	十	万	千	百	十	元	角	分
支付去年长期借款利息	应付利息		√				2	5	2	0	0	0	0											
	银行存款													√				2	5	2	0	0	0	0
合　计						¥	2	5	2	0	0	0	0				¥	2	5	2	0	0	0	0

附件　张

财务主管：杨明　　记账：李丽　　出纳：李冬娴　　审核：张庆　　制单：赵景

（八）其他应付款

记账凭证

2012年12月21日　　　　记字第62号

摘要	总账科目	明细科目	过账	借方金额										过账	贷方金额									
				千	百	十	万	千	百	十	元	角	分		千	百	十	万	千	百	十	元	角	分
收到包装物押金	库存现金		√					3	0	0	0	0	0											
	其他应付款													√					3	0	0	0	0	0
合计							¥	3	0	0	0	0	0					¥	3	0	0	0	0	0

附件　张

财务主管：杨明　　记账：李丽　　出纳：李冬娴　　审核：张庆　　制单：赵景

四、非流动负债

（一）长期借款

记账凭证

2012年12月21日　　　　记字第63号

摘要	总账科目	明细科目	过账	借方金额										过账	贷方金额									
				千	百	十	万	千	百	十	元	角	分		千	百	十	万	千	百	十	元	角	分
借入三年期借款	银行存款		√		1	0	0	0	0	0	0	0	0											
	长期借款													√		1	0	0	0	0	0	0	0	0
合计				¥	1	0	0	0	0	0	0	0	0		¥	1	0	0	0	0	0	0	0	0

附件　张

财务主管：杨明　　记账：李丽　　出纳：李冬娴　　审核：张庆　　制单：赵景

记账凭证

2012 年 12 月 21 日　　　　　　　　记字第 64 号

摘要	总账科目	明细科目	过账	借方金额										过账	贷方金额									
				千	百	十	万	千	百	十	元	角	分		千	百	十	万	千	百	十	元	角	分
归还长期借款本金和利息	长期借款	本金	√			4	0	0	0	0	0	0	0											
	应付利息		√				3	3	6	0	0	0	0											
	银行存款													√			4	3	3	6	0	0	0	0
合计					¥	4	3	3	6	0	0	0	0			¥	4	3	3	6	0	0	0	0

附件　张

财务主管：杨明　　记账：李丽　　出纳：李冬娴　　审核：张庆　　制单：赵景

（二）应付债券

记账凭证

2012 年 12 月 21 日　　　　　　　　记字第 65 号

摘要	总账科目	明细科目	过账	借方金额										过账	贷方金额									
				千	百	十	万	千	百	十	元	角	分		千	百	十	万	千	百	十	元	角	分
发行企业债券	银行存款		√			2	1	5	9	7	0	0	0											
	应付债券	面值												√			2	0	0	0	0	0	0	0
		利息调整												√				1	5	9	7	0	0	0
合计					¥	2	1	5	9	7	0	0	0			¥	2	1	5	9	7	0	0	0

附件　张

财务主管：杨明　　记账：李丽　　出纳：李冬娴　　审核：张庆　　制单：赵景

五、结转收入、费用

（一）主营业务收入

记账凭证

2012 年 12 月 21 日　　　　记字第 66 号

摘要	总账科目	明细科目	过账	借方金额										过账	贷方金额									
				千	百	十	万	千	百	十	元	角	分		千	百	十	万	千	百	十	元	角	分
向海瑞公司销售甲产品	银行存款		√			8	1	9	0	0	0	0	0											
	主营业务收入													√			7	0	0	0	0	0	0	0
	应交税费	应交增值税（销项税额）												√			1	1	9	0	0	0	0	0
合　计					¥	8	1	9	0	0	0	0	0			¥	8	1	9	0	0	0	0	0

附件　张

财务主管：杨明　　记账：李丽　　出纳：李冬娴　　审核：张庆　　制单：赵景

记账凭证

2012 年 12 月 21 日　　　　记字第 67 号

摘要	总账科目	明细科目	过账	借方金额										过账	贷方金额									
				千	百	十	万	千	百	十	元	角	分		千	百	十	万	千	百	十	元	角	分
向风华公司销售丙产品	应收票据		√			5	8	5	0	0	0	0	0											
	应收账款		√					1	0	0	0	0	0											
	主营业务收入													√			5	0	0	0	0	0	0	0
	应交税费	应交增值税（销项税额）												√				8	5	0	0	0	0	0
	银行存款													√					1	0	0	0	0	0
合　计					¥	5	8	6	0	0	0	0	0			¥	5	8	6	0	0	0	0	0

附件　张

财务主管：杨明　　记账：李丽　　出纳：李冬娴　　审核：张庆　　制单：赵景

（二）其他业务收入

记账凭证

2012 年 12 月 22 日　　　　记字第 68 号

摘要	总账科目	明细科目	过账	借方金额										过账	贷方金额								
				千	百	十	万	千	百	十	元	角	分		千	百	十	万	千	百	十	元	角	分
对外提供运输劳务	银行存款		√				3	5	0	0	0	0	0											
	其他业务收入													√				3	5	0	0	0	0	0
	合计					¥	3	5	0	0	0	0	0				¥	3	5	0	0	0	0	0

附件　张

财务主管：杨明　　记账：李丽　　出纳：李冬娴　　审核：张庆　　制单：赵景

记账凭证

2012 年 12 月 22 日　　　　记字第 69 号

摘要	总账科目	明细科目	过账	借方金额										过账	贷方金额								
				千	百	十	万	千	百	十	元	角	分		千	百	十	万	千	百	十	元	角	分
收到无形资产的租金	银行存款		√				2	0	0	0	0	0	0											
	其他业务收入													√				2	0	0	0	0	0	0
	合计					¥	2	0	0	0	0	0	0				¥	2	0	0	0	0	0	0

附件　张

财务主管：杨明　　记账：李丽　　出纳：李冬娴　　审核：张庆　　制单：赵景

（三）营业外收入

记账凭证

2012 年 12 月 22 日　　　　记字第 70 号

摘要	总账科目	明细科目	过账	借方金额										过账	贷方金额									
				千	百	十	万	千	百	十	元	角	分		千	百	十	万	千	百	十	元	角	分
接受捐赠的打印机	固定资产		√					6	0	0	0	0	0											
	应交税费	应交增值税（进项税额）						1	0	2	0	0	0											
	营业外收入	捐赠利得												√					7	0	2	0	0	0
合　计							¥	7	0	2	0	0	0					¥	7	0	2	0	0	0

附件　张

财务主管：杨明　　记账：李丽　　出纳：李冬娴　　审核：张庆　　制单：赵景

记账凭证

2012 年 12 月 23 日　　　　记字第 71 号

摘要	总账科目	明细科目	过账	借方金额										过账	贷方金额									
				千	百	十	万	千	百	十	元	角	分		千	百	十	万	千	百	十	元	角	分
收到职工的迟到罚款	库存现金		√						2	6	0	0	0											
	营业外收入													√						2	6	0	0	0
合　计								¥	2	6	0	0	0						¥	2	6	0	0	0

附件　张

财务主管：杨明　　记账：李丽　　出纳：李冬娴　　审核：张庆　　制单：赵景

(四)成本

1. 主营业务成本

记账凭证

2012 年 12 月 23 日　　　　　　　　记字第 72 号

摘要	总账科目	明细科目	过账	借方金额										过账	贷方金额								
				千	百	十	万	千	百	十	元	角	分		千	百	十	万	千	百	十	元	角	分
结转甲、乙、丙产品成本	主营业务成本	甲产品	√			4	2	0	0	0	0	0	0										
		乙产品	√			5	3	7	5	0	0	0	0										
		丙产品	√			3	3	2	5	0	0	0	0										
	库存商品	甲产品												√			4	2	0	0	0	0	0	0
		乙产品												√			5	3	7	5	0	0	0	0
		丙产品												√			3	3	2	5	0	0	0	0
合计				¥	1	2	9	0	0	0	0	0	0		¥	1	2	9	0	0	0	0	0	0

附件　张

财务主管：杨明　　记账：李丽　　出纳：李冬娴　　审核：张庆　　制单：赵景

2. 其他业务成本

记账凭证

2012 年 12 月 24 日　　　　　　　　记字第 73 号

摘要	总账科目	明细科目	过账	借方金额										过账	贷方金额								
				千	百	十	万	千	百	十	元	角	分		千	百	十	万	千	百	十	元	角	分
支付后续服务费用	其他业务成本		√						4	0	0	0	0										
	库存现金													√						4	0	0	0	0
合计								¥	4	0	0	0	0						¥	4	0	0	0	0

附件　张

财务主管：杨明　　记账：李丽　　出纳：李冬娴　　审核：张庆　　制单：赵景

(五)费用

1. 销售费用

记账凭证

2012 年 12 月 24 日　　　　记字第 74 号

摘要	总账科目	明细科目	过账	借方金额										过账	贷方金额								
				千	百	十	万	千	百	十	元	角	分		千	百	十	万	千	百	十	元	角	分
支付产品展览费	销售费用	展览费	√			1	2	0	0	0	0	0	0											
	银行存款													√			1	2	0	0	0	0	0	0
合　计					¥	1	2	0	0	0	0	0	0			¥	1	2	0	0	0	0	0	0

附件　张

财务主管：杨明　　记账：李丽　　出纳：李冬娴　　审核：张庆　　制单：赵景

记账凭证

2012 年 12 月 24 日　　　　记字第 75 号

摘要	总账科目	明细科目	过账	借方金额										过账	贷方金额								
				千	百	十	万	千	百	十	元	角	分		千	百	十	万	千	百	十	元	角	分
支付托运费	销售费用	运费	√					1	0	0	0	0	0											
	库存现金													√					1	0	0	0	0	0
合　计							¥	1	0	0	0	0	0					¥	1	0	0	0	0	0

附件　张

财务主管：杨明　　记账：李丽　　出纳：李冬娴　　审核：张庆　　制单：赵景

记账凭证

2012 年 12 月 24 日　　记字第 76 号

摘要	总账科目	明细科目	过账	借方金额										过账	贷方金额									
				千	百	十	万	千	百	十	元	角	分		千	百	十	万	千	百	十	元	角	分
报销工作餐费	销售费用	午餐费	√						3	0	0	0	0											
	库存现金													√						3	0	0	0	0
合计								¥	3	0	0	0	0						¥	3	0	0	0	0

附件　张

财务主管：杨明　　记账：李丽　　出纳：李冬娴　　审核：张庆　　制单：赵景

记账凭证

2012 年 12 月 25 日　　记字第 77 号

摘要	总账科目	明细科目	过账	借方金额										过账	贷方金额									
				千	百	十	万	千	百	十	元	角	分		千	百	十	万	千	百	十	元	角	分
支付邮寄费	销售费用	邮电费	√						2	0	0	0	0											
	库存现金													√						2	0	0	0	0
合计								¥	2	0	0	0	0						¥	2	0	0	0	0

附件　张

财务主管：杨明　　记账：李丽　　出纳：李冬娴　　审核：张庆　　制单：赵景

2. 管理费用

记账凭证

2012 年 12 月 25 日　　　　　　记字第 78 号

摘要	总账科目	明细科目	过账	借方金额										过账	贷方金额									
				千	百	十	万	千	百	十	元	角	分		千	百	十	万	千	百	十	元	角	分
购买印花税	管理费用	税金	√						5	0	0	0	0											
	库存现金													√						5	0	0	0	0
合计								¥	5	0	0	0	0						¥	5	0	0	0	0

附件　张

财务主管：杨明　　记账：李丽　　出纳：李冬娴　　审核：张庆　　制单：赵景

记账凭证

2012 年 12 月 25 日　　　　　　记字第 79 号

摘要	总账科目	明细科目	过账	借方金额										过账	贷方金额									
				千	百	十	万	千	百	十	元	角	分		千	百	十	万	千	百	十	元	角	分
支付汽车保险费	管理费用		√					5	6	0	0	0	0											
	银行存款													√					5	6	0	0	0	0
合计							¥	5	6	0	0	0	0					¥	5	6	0	0	0	0

附件　张

财务主管：杨明　　记账：李丽　　出纳：李冬娴　　审核：张庆　　制单：赵景

记账凭证

2012 年 12 月 26 日　　　　记字第 80 号

摘要	总账科目	明细科目	过账	借方金额										过账	贷方金额									
				千	百	十	万	千	百	十	元	角	分		千	百	十	万	千	百	十	元	角	分
结算招待费	管理费用	业务招待费	√				2	2	4	4	2	0	0											
	银行存款													√				2	2	4	4	2	0	0
合计						¥	2	2	4	4	2	0	0				¥	2	2	4	4	2	0	0

附件　张

财务主管：杨明　　记账：李丽　　出纳：李冬娴　　审核：张庆　　制单：赵景

记账凭证

2012 年 12 月 26 日　　　　记字第 81 号

摘要	总账科目	明细科目	过账	借方金额										过账	贷方金额									
				千	百	十	万	千	百	十	元	角	分		千	百	十	万	千	百	十	元	角	分
支付宽带服务费	管理费用	邮电费	√					5	7	8	9	0	0											
	银行存款													√					5	7	8	9	0	0
合计							¥	5	7	8	9	0	0					¥	5	7	8	9	0	0

附件　张

财务主管：杨明　　记账：李丽　　出纳：李冬娴　　审核：张庆　　制单：赵景

3. 财务费用

记账凭证

2012 年 12 月 26 日　　　　　　　　记字第 82 号

摘要	总账科目	明细科目	过账	借方金额										过账	贷方金额									
				千	百	十	万	千	百	十	元	角	分		千	百	十	万	千	百	十	元	角	分
利息收入	银行存款		√					3	2	0	0	0	0											
	财务费用	利息收入												√					3	2	0	0	0	0
合　计							¥	3	2	0	0	0	0					¥	3	2	0	0	0	0

附件　张

财务主管：杨明　　记账：李丽　　出纳：李冬娴　　审核：张庆　　制单：赵景

记账凭证

2012 年 12 月 27 日　　　　　　　　记字第 83 号

摘要	总账科目	明细科目	过账	借方金额										过账	贷方金额									
				千	百	十	万	千	百	十	元	角	分		千	百	十	万	千	百	十	元	角	分
购买财务用品	管理费用	办公用品	√					3	0	0	0	0	0											
	银行存款													√					3	0	0	0	0	0
合　计							¥	3	0	0	0	0	0					¥	3	0	0	0	0	0

附件　张

财务主管：杨明　　记账：李丽　　出纳：李冬娴　　审核：张庆　　制单：赵景

记账凭证

2012 年 12 月 27 日　　　　记字第 84 号

摘要	总账科目	明细科目	过账	借方金额										过账	贷方金额									
				千	百	十	万	千	百	十	元	角	分		千	百	十	万	千	百	十	元	角	分
支付银行手续费	财务费用	手续费	√					1	3	1	0	0	0											
	银行存款													√					1	3	1	0	0	0
合　计							¥	1	3	1	0	0	0					¥	1	3	1	0	0	0

附件　张

财务主管：杨明　　记账：李丽　　出纳：李冬娴　　审核：张庆　　制单：赵景

4. 营业外支出

记账凭证

2012 年 12 月 27 日　　　　记字第 85 号

摘要	总账科目	明细科目	过账	借方金额										过账	贷方金额									
				千	百	十	万	千	百	十	元	角	分		千	百	十	万	千	百	十	元	角	分
被环保局罚款	营业外支出	罚款支出	√				1	6	0	0	0	0	0											
	银行存款													√				1	6	0	0	0	0	0
合　计						¥	1	6	0	0	0	0	0				¥	1	6	0	0	0	0	0

附件　张

财务主管：杨明　　记账：李丽　　出纳：李冬娴　　审核：张庆　　制单：赵景

记账凭证

2012 年 12 月 28 日　　　　记字第 86 号

摘要	总账科目	明细科目	过账	借方金额										过账	贷方金额									
				千	百	十	万	千	百	十	元	角	分		千	百	十	万	千	百	十	元	角	分
向希望工程捐款	营业外支出	捐赠支出	√				2	0	0	0	0	0	0											
	银行存款													√				2	0	0	0	0	0	0
合　计						¥	2	0	0	0	0	0	0				¥	2	0	0	0	0	0	0

附件　张

财务主管：杨明　　记账：李丽　　出纳：李冬娴　　审核：张庆　　制单：赵景

记账凭证

2012 年 12 月 28 日　　　　记字第 87 号

摘要	总账科目	明细科目	过账	借方金额										过账	贷方金额									
				千	百	十	万	千	百	十	元	角	分		千	百	十	万	千	百	十	元	角	分
被税务机关罚款	营业外支出	罚款支出	√					2	0	0	0	0	0											
	银行存款													√					2	0	0	0	0	0
合　计							¥	2	0	0	0	0	0					¥	2	0	0	0	0	0

附件　张

财务主管：杨明　　记账：李丽　　出纳：李冬娴　　审核：张庆　　制单：赵景

六、分配利润

(一)实收资本

记账凭证

2012 年 12 月 29 日　　　　记字第 88 号

摘 要	总账科目	明细科目	过账	借方金额										过账	贷方金额									
				千	百	十	万	千	百	十	元	角	分		千	百	十	万	千	百	十	元	角	分
收到投资款	银行存款		√		1	0	0	0	0	0	0	0	0											
	实收资本													√		1	0	0	0	0	0	0	0	0
合 计				¥	1	0	0	0	0	0	0	0	0		¥	1	0	0	0	0	0	0	0	0

附件 张

财务主管：杨明　　记账：李丽　　出纳：李冬娴　　审核：张庆　　制单：赵景

记账凭证

2012 年 12 月 29 日　　　　记字第 89 号

摘 要	总账科目	明细科目	过账	借方金额										过账	贷方金额									
				千	百	十	万	千	百	十	元	角	分		千	百	十	万	千	百	十	元	角	分
收到投资转入的固定资产	固定资产		√			2	0	0	0	0	0	0	0											
	实收资本	中韩公司												√			2	0	0	0	0	0	0	0
合 计					¥	2	0	0	0	0	0	0	0			¥	2	0	0	0	0	0	0	0

附件 张

财务主管：杨明　　记账：李丽　　出纳：李冬娴　　审核：张庆　　制单：赵景

（二）资本公积

记账凭证

2012 年 12 月 30 日　　　　记字第 90½号

摘要	总账科目	明细科目	过账	借方金额										过账	贷方金额								
				千	百	十	万	千	百	十	元	角	分		千	百	十	万	千	百	十	元	角	分
收到发行收入	银行存款		√		6	0	0	0	0	0	0	0	0											
	实收资本													√		2	0	0	0	0	0	0	0	0
	资本公积	股本溢价												√		4	0	0	0	0	0	0	0	0
合　计				¥	6	0	0	0	0	0	0	0	0		¥	6	0	0	0	0	0	0	0	0

附件　张

财务主管：杨明　　记账：李丽　　出纳：李冬娴　　审核：张庆　　制单：赵景

记账凭证

2012 年 12 月 30 日　　　　记字第 90⅔号

摘要	总账科目	明细科目	过账	借方金额										过账	贷方金额								
				千	百	十	万	千	百	十	元	角	分		千	百	十	万	千	百	十	元	角	分
支付发行费用	资本公积	股本溢价	√			1	5	0	0	0	0	0	0											
	银行存款													√			1	5	0	0	0	0	0	0
合　计					¥	1	5	0	0	0	0	0	0			¥	1	5	0	0	0	0	0	0

附件　张

财务主管：杨明　　记账：李丽　　出纳：李冬娴　　审核：张庆　　制单：赵景

记账凭证

2012 年 12 月 30 日　　　　记字第 91 号

摘要	总账科目	明细科目	过账	借方金额										过账	贷方金额									
				千	百	十	万	千	百	十	元	角	分		千	百	十	万	千	百	十	元	角	分
转增资本	资本公积		√			5	0	0	0	0	0	0	0											
	实收资本													√			5	0	0	0	0	0	0	0
合计					¥	5	0	0	0	0	0	0	0			¥	5	0	0	0	0	0	0	0

附件　张

财务主管：杨明　　记账：李丽　　出纳：李冬娴　　审核：张庆　　制单：赵景

（三）营业税金及附加

记账凭证

2012 年 12 月 31 日　　　　记字第 92 号

摘要	总账科目	明细科目	过账	借方金额										过账	贷方金额									
				千	百	十	万	千	百	十	元	角	分		千	百	十	万	千	百	十	元	角	分
计提营业税	营业税金及附加		√					2	7	5	0	0	0											
	应交税费	应交营业税												√					2	7	5	0	0	0
合计							¥	2	7	5	0	0	0					¥	2	7	5	0	0	0

附件　张

财务主管：杨明　　记账：李丽　　出纳：李冬娴　　审核：张庆　　制单：赵景

记账凭证

2012 年 12 月 31 日　　　　记字第 93 号

摘要	总账科目	明细科目	过账	借方金额										过账	贷方金额									
				千	百	十	万	千	百	十	元	角	分		千	百	十	万	千	百	十	元	角	分
计提城建税、教育费附加	营业税金及附加		√				2	1	0	7	8	3	0											
	应交税费	应交教育费附加												√					6	3	2	3	4	9
		应交城建税												√				1	4	7	5	4	8	1
合计						¥	2	1	0	7	8	3	0				¥	2	1	0	7	8	3	0

附件　张

财务主管：杨明　　记账：李丽　　出纳：李冬娴　　审核：张庆　　制单：赵景

（四）所得税费用

记账凭证

2012 年 12 月 31 日　　　　记字第 94 号

摘要	总账科目	明细科目	过账	借方金额										过账	贷方金额									
				千	百	十	万	千	百	十	元	角	分		千	百	十	万	千	百	十	元	角	分
计提所得税费用	所得税费用		√			1	4	6	1	9	0	1	8											
	应交税费	应交所得税												√			1	4	6	1	9	0	1	8
合计					¥	1	4	6	1	9	0	1	8			¥	1	4	6	1	9	0	1	8

附件　张

财务主管：杨明　　记账：李丽　　出纳：李冬娴　　审核：张庆　　制单：赵景

（五）本年利润

记账凭证

2012 年 12 月 31 日　　　　记字第 95 号

摘 要	总账科目	明细科目	过账	借方金额										过账	贷方金额								
				千	百	十	万	千	百	十	元	角	分		千	百	十	万	千	百	十	元	角	分
结转收入	主营业务收入		√		2	0	6	0	0	0	0	0	0											
	其他业务收入		√				5	5	0	0	0	0	0											
	营业外收入		√					7	2	8	0	0	0											
	本年利润													√		2	1	2	2	2	8	0	0	0
合 计				¥	2	1	2	2	2	8	0	0	0		¥	2	1	2	2	2	8	0	0	0

附件 张

财务主管：杨明　　记账：李丽　　出纳：李冬娴　　审核：张庆　　制单：赵景

记账凭证

2012 年 12 月 31 日　　　　记字第 96 号

摘 要	总账科目	明细科目	过账	借方金额										过账	贷方金额								
				千	百	十	万	千	百	十	元	角	分		千	百	十	万	千	百	十	元	角	分
结转净收益	投资收益		√				1	3	2	0	0	0	0											
	公允价值变动损益		√					2	0	0	0	0	0											
	本年利润													√				1	5	2	0	0	0	0
合 计						¥	1	5	2	0	0	0	0				¥	1	5	2	0	0	0	0

附件 张

财务主管：杨明　　记账：李丽　　出纳：李冬娴　　审核：张庆　　制单：赵景

记账凭证

2012 年 12 月 31 日　　　　记字第 97½号

摘要	总账科目	明细科目	过账	借方金额										过账	贷方金额								
				千	百	十	万	千	百	十	元	角	分		千	百	十	万	千	百	十	元	角	分
结转成本	本年利润		√		1	3	7	7	0	8	3	3	0											
	主营业务成本													√		1	2	9	0	0	0	0	0	0
	营业税金及附加													√				2	3	8	2	8	3	0
	其他业务成本													√						4	0	0	0	0
	营业外支出													√				6	2	8	5	5	0	0
合计				¥	1	3	7	7	0	8	3	3	0		¥	1	3	7	7	0	8	3	3	0

附件　张

财务主管：杨明　　记账：李丽　　出纳：李冬娴　　审核：张庆　　制单：赵景

记账凭证

2012 年 12 月 31 日　　　　记字第 97⅔号

摘要	总账科目	明细科目	过账	借方金额										过账	贷方金额								
				千	百	十	万	千	百	十	元	角	分		千	百	十	万	千	百	十	元	角	分
结转费用	本年利润		√			1	7	5	6	3	6	0	0											
	销售费用													√			1	3	5	5	0	0	0	0
	管理费用													√				4	1	7	3	1	0	0
	财务费用													√				－	1	5	9	5	0	0
合计					¥	1	7	5	6	3	6	0	0			¥	1	7	5	6	3	6	0	0

附件　张

财务主管：杨明　　记账：李丽　　出纳：李冬娴　　审核：张庆　　制单：赵景

记账凭证

2012 年 12 月 31 日　　　　记字第 98 号

摘要	总账科目	明细科目	过账	借方金额										过账	贷方金额								
				千	百	十	万	千	百	十	元	角	分		千	百	十	万	千	百	十	元	角	分
结转所得税	本年利润		√			1	4	6	1	9	0	1	8											
	所得税费用													√			1	4	6	1	9	0	1	8
合　计					¥	1	4	6	1	9	0	1	8			¥	1	4	6	1	9	0	1	8

附件　张

财务主管：杨明　　记账：李丽　　出纳：李冬娴　　审核：张庆　　制单：赵景

（六）盈余公积

记账凭证

2012 年 12 月 31 日　　　　记字第 99 号

摘要	总账科目	明细科目	过账	借方金额										过账	贷方金额								
				千	百	十	万	千	百	十	元	角	分		千	百	十	万	千	百	十	元	角	分
计提法定盈余公积	利润分配	提取法定盈余公积	√				4	3	8	5	7	0	5											
	盈余公积	法定盈余公积												√				4	3	8	5	7	0	5
合　计						¥	4	3	8	5	7	0	5				¥	4	3	8	5	7	0	5

附件　张

财务主管：杨明　　记账：李丽　　出纳：李冬娴　　审核：张庆　　制单：赵景

（七）利润分配

记 账 凭 证

2012 年 12 月 31 日　　　　记字第 100 号

摘 要	总账科目	明细科目	过账	借方金额										过账	贷方金额									
				千	百	十	万	千	百	十	元	角	分		千	百	十	万	千	百	十	元	角	分
将“法定盈余公积”转入“利润分配”科目	利润分配	未分配利润	√				4	3	8	5	7	0	5											
	利润分配	提取法定盈余公积												√				4	3	8	5	7	0	5
合　计						¥	4	3	8	5	7	0	5				¥	4	3	8	5	7	0	5

附件　张

财务主管：杨明　　记账：李丽　　出纳：李冬娴　　审核：张庆　　制单：赵景

记 账 凭 证

2012 年 12 月 31 日　　　　记字第 101 号

摘 要	总账科目	明细科目	过账	借方金额										过账	贷方金额									
				千	百	十	万	千	百	十	元	角	分		千	百	十	万	千	百	十	元	角	分
将“本年利润”转入“利润分配”科目	本年利润		√			4	3	8	5	7	0	5	2											
	利润分配	未分配利润												√			4	3	8	5	7	0	5	2
合　计					¥	4	3	8	5	7	0	5	2			¥	4	3	8	5	7	0	5	2

附件　张

财务主管：杨明　　记账：李丽　　出纳：李冬娴　　审核：张庆　　制单：赵景

(八)应付股利

记账凭证

2012 年 12 月 31 日　　　　记字第 102 号

摘 要	总账科目	明细科目	过账	借方金额										过账	贷方金额									
				千	百	十	万	千	百	十	元	角	分		千	百	十	万	千	百	十	元	角	分
发放现金股利	应付股利		√			1	3	1	5	7	1	1	6											
	银行存款													√			1	3	1	5	7	1	1	6
合 计					¥	1	3	1	5	7	1	1	6			¥	1	3	1	5	7	1	1	6

附件　张

财务主管：杨明　　记账：李丽　　出纳：李冬娴　　审核：张庆　　制单：赵景

记账凭证

2012 年 12 月 31 日　　　　记字第 103 号

摘 要	总账科目	明细科目	过账	借方金额										过账	贷方金额									
				千	百	十	万	千	百	十	元	角	分		千	百	十	万	千	百	十	元	角	分
计算应交未交增值税额	应交税费	应交增值税(转出未交增值税)	√			2	0	8	0	3	3	0	0											
	应交税费	未交增值税	√														2	0	8	0	3	3	0	0
合 计					¥	2	0	8	0	3	3	0	0			¥	2	0	8	0	3	3	0	0

附件　张

财务主管：杨明　　记账：李丽　　出纳：李冬娴　　审核：张庆　　制单：赵景

第三章　会计处理账簿登记

一、登记明细账

（一）资产类明细账

现金日记账

2012年		凭证号数	摘要	借方											核对	贷方											核对	借或贷	余额											核对
月	日			亿	千	百	十	万	千	百	十	元	角	分		亿	千	百	十	万	千	百	十	元	角	分			亿	千	百	十	万	千	百	十	元	角	分	
			期初余额																									借					9	2	7	5	0	6	5	
12	1	1	支取备用金					2	0	0	0	0	0	0																										
12	2	2	购买办公用品																			9	0	0	0	0														
12	2	3	存现																	3	0	0	0	0	0	0														
12	2	4	预支差旅费																		5	0	0	0	0	0														
12	10	25	报销差旅费							5	0	0	0	0																										
12	17	44⅔	收回残料收入								7	5	0	0																										
12	20	56	支付业务培训费																		2	4	0	0	0	0														
12	20	57	支付困难补助费																		3	6	0	0	0	0														
12	20	58	支付职工工资																	3	9	6	4	0	0	0														
12	21	62	收到包装物押金						3	0	0	0	0	0																										
12	23	71	收到职工被罚款							2	6	0	0	0																										
12	24	73	支付后续手续费																			4	0	0	0	0														
12	24	75	支付托运费																		1	0	0	0	0	0														
12	24	76	报销员工餐费																			3	0	0	0	0														
12	25	77	支付邮寄费																			2	0	0	0	0														
12	25	78	购买印花税																			5	0	0	0	0														
			本月合计					2	3	8	3	5	0	0						8	3	9	4	0	0	0		借					3	2	6	4	5	6	5	

银行存款日记账

月	日	凭证号数	摘要	借方（亿千百十万千百十元角分）	核对	贷方（亿千百十万千百十元角分）	核对	借或贷	余额（亿千百十万千百十元角分）	核对
			期初余额					借	209705000	
12	1	1	支取备用金			2000000				
12	2	3	存现	3000000						
12	3	5	支付电话费			400000				
12	3	6	购入固定资产			3510000				
12	3	7	支付广告费			1000000				
12	4	8	收到归还的欠款	2000000						
12	4	9	缴纳企业所得税			186200				
12	4	10	缴纳城建税			31200				
12	4	11	缴纳教育费附加			13371				
12	4	12	缴纳房产税			345329				
12	5	14	收到银行多余款	327500						
12	5	15 2/2	收到本息	20600000						
12	5	16	购进股票			10700000				
12	7	19 1/2	取得贴现款	9970500						
12	7	20	销售乙产品			360000				
12	8	21	收到祥瑞公司货款	70560000						
12	8	22	支付预付款			6000000				
12	10	24	收到退回多余款	150000						
12	10	27	购入原材料			4770000				
12	11	28	材料验收入库	200000						
12	12	31	购买甲商品			1170000				
12	12	34	购入周转材料			585000				
12	12	36	购入股票			30060000				
12	14	38	出售债券	2120000						
12	14	39	购买B公司股票			5170000				
12	16	40	出售长期股权	9900000						
12	16	43	购入固定资产			8590000				
12	17	45	购买小汽车			29250000				
12	17	46	购入专利			8500000				
12	17	47	租入办公用房			20000000				
12	17	48	取得短期借款	15000000						
12	18	49	归还到期借款			2000000				

（续表）

年		凭证号数	摘要	借方											核对	贷方											核对	借或贷	余额											核对
月	日			亿	千	百	十	万	千	百	十	元	角	分		亿	千	百	十	万	千	百	十	元	角	分			亿	千	百	十	万	千	百	十	元	角	分	
12	19	53	支付货款																	4	6	8	0	0	0	0														
12	19	54	收到预付款					9	0	0	0	0	0	0																										
12	20	55	收到余货款				1	2	0	6	0	0	0	0																										
12	20	59	换入原材料																	3	5	1	0	0	0	0														
12	21	60	预缴增值税																		2	6	3	0	0	0														
12	21	61	支付借款利息																	2	5	2	0	0	0	0														
12	21	63	借入长期借款		1	0	0	0	0	0	0	0	0	0																										
12	21	64	归还本金和利息																4	3	3	6	0	0	0	0														
12	21	65	发行企业债券				2	1	5	9	7	0	0	0																										
12	21	66	销售产品				8	1	9	0	0	0	0	0																										
12	21	67	销售产品																		1	0	0	0	0	0														
12	22	68	对外提供劳务					3	5	0	0	0	0	0																										
12	22	69	收到租金					2	0	0	0	0	0	0																										
12	24	74	支付展览费																1	2	0	0	0	0	0	0														
12	25	79	支付汽车保险费																		5	6	0	0	0	0														
12	26	80	结算招待费																	2	2	4	4	2	0	0														
12	26	81	支付宽带服务费																		5	7	8	9	0	0														
12	26	82	利息收入						3	2	0	0	0	0																										
12	27	83	购买财务用品																		3	0	0	0	0	0														
12	27	84	支付银行手续费																		1	3	1	0	0	0														
12	27	85	被环保局罚款																	1	6	0	0	0	0	0														
12	28	86	向希望工程捐款																	2	0	0	0	0	0	0														
12	28	87	被税务机关罚款																		2	0	0	0	0	0														
12	29	88	收到投资款		1	0	0	0	0	0	0	0	0	0																										
12	30	90½	收到发行收入		6	0	0	0	0	0	0	0	0	0																										
12	30	90⅔	支付发行费用																1	5	0	0	0	0	0	0														
12	31	102	发放现金股利																1	3	1	5	7	1	1	6														
			本月合计		1	0	6	4	2	0	5	0	0	0				2	3	6	8	4	5	3	1	6		借		1	0	3	7	0	6	4	6	8	4	

明细分类账

总账科目 其他货币资金

明细科目 ____________

2012年		记账凭证号数	摘要	页数	借方												贷方												借或贷	余额											
月	日				十	亿	千	百	十	万	千	百	十	元	角	分	十	亿	千	百	十	万	千	百	十	元	角	分		十	亿	千	百	十	万	千	百	十	元	角	分
			期初余额																										借					2	3	1	5	0	0	0	0
12	5	13	购入原材料																		1	6	6	7	2	5	0	0													
12	5	14	收到多余款																				3	2	7	5	0	0													
12	11	28	材料验收入库																			6	1	5	0	0	0	0													
			本月合计																		2	3	1	5	0	0	0	0	平										0		

明细分类账

总账科目 交易性金融资产

明细科目 ____________

2012年		记账凭证号数	摘要	页数	借方												贷方												借或贷	余额											
月	日				十	亿	千	百	十	万	千	百	十	元	角	分	十	亿	千	百	十	万	千	百	十	元	角	分		十	亿	千	百	十	万	千	百	十	元	角	分
			期初余额																										借					6	8	2	3	0	0	0	0
12	5	$15\frac{2}{2}$	收到本息																		2	0	0	0	0	0	0	0													
12	5	16	购进股票						1	0	5	0	0	0	0	0																									
			本月合计						1	0	5	0	0	0	0	0					2	0	0	0	0	0	0	0	借					5	8	7	3	0	0	0	0

明细分类账

总账科目　交易性金融资产

明细科目　公允价值变动

2012年		记账凭证号数	摘要	页数	借方												贷方												借或贷	余额											
月	日				十	亿	千	百	十	万	千	百	十	元	角	分	十	亿	千	百	十	万	千	百	十	元	角	分		十	亿	千	百	十	万	千	百	十	元	角	分
12	6	17	公允价值变动								2	0	0	0	0	0																									
			本月合计								2	0	0	0	0	0													借							2	0	0	0	0	0

明细分类账

总账科目　应收利息

明细科目

2012年		记账凭证号数	摘要	页数	借方												贷方												借或贷	余额											
月	日				十	亿	千	百	十	万	千	百	十	元	角	分	十	亿	千	百	十	万	千	百	十	元	角	分		十	亿	千	百	十	万	千	百	十	元	角	分
12	5	15 1/2	核算利息								6	0	0	0	0	0																									
12	5	15 2/2	收到本息																				6	0	0	0	0	0													
			本月合计								6	0	0	0	0	0							6	0	0	0	0	0	平										0		

明细分类账

总账科目 应收票据

明细科目 ________

2012年		记账凭证号数	摘要	页数	借方												贷方												借或贷	余额											
月	日				十	亿	千	百	十	万	千	百	十	元	角	分	十	亿	千	百	十	万	千	百	十	元	角	分		十	亿	千	百	十	万	千	百	十	元	角	分
			期初余额																										借					2	3	2	6	0	0	0	0
12	6	18	销售乙产品							9	3	6	0	0	0	0																									
12	7	$19\frac{1}{2}$	取得贴现款																			9	9	7	0	5	0	0													
12	7	$19\frac{2}{2}$	确认贴现息																					2	9	5	0	0													
12	21	67	销售丙商品						5	8	5	0	0	0	0	0																									
			本月合计						6	7	8	6	0	0	0	0					1	0	0	0	0	0	0	0	借					8	1	1	2	0	0	0	0

明细分类账

总账科目 应收账款

明细科目 ________

2012年		记账凭证号数	摘要	页数	借方												贷方												借或贷	余额											
月	日				十	亿	千	百	十	万	千	百	十	元	角	分	十	亿	千	百	十	万	千	百	十	元	角	分		十	亿	千	百	十	万	千	百	十	元	角	分
			期初余额																										借					6	5	5	2	0	0	0	0
12	4	8	收到归还欠款																			2	0	0	0	0	0	0													
12	7	20	销售乙产品						7	0	5	6	0	0	0	0																									
12	8	21	收到货款																		7	0	5	6	0	0	0	0													
12	12	33	债务重组																		1	1	7	0	0	0	0	0													
12	21	67	代垫运费								1	0	0	0	0	0																									
			本月合计						7	0	6	6	0	0	0	0					8	4	2	6	0	0	0	0	借					5	1	9	2	0	0	0	0

明细分类账

总账科目 应收股利

明细科目 ________

2012年		记账凭证号数	摘要	页数	借方												贷方												借或贷	余额											
月	日				十	亿	千	百	十	万	千	百	十	元	角	分	十	亿	千	百	十	万	千	百	十	元	角	分		十	亿	千	百	十	万	千	百	十	元	角	分
12	14	39	购买B公司发行股票								2	0	0	0	0	0																									
			本月合计								2	0	0	0	0	0													借							2	0	0	0	0	0

明细分类账

总账科目 预付账款

明细科目 ________

2012年		记账凭证号数	摘要	页数	借方												贷方												借或贷	余额											
月	日				十	亿	千	百	十	万	千	百	十	元	角	分	十	亿	千	百	十	万	千	百	十	元	角	分		十	亿	千	百	十	万	千	百	十	元	角	分
			期初余额																										借					2	1	3	0	0	0	0	0
12	8	22	支付预付款							6	0	0	0	0	0	0																									
12	10	23	收到材料																			5	8	5	0	0	0	0													
12	10	24	收到多余款																				1	5	0	0	0	0													
			本月合计							6	0	0	0	0	0	0						6	0	0	0	0	0	0	借					2	1	3	0	0	0	0	0

明细分类账

总账科目 其他应收款

明细科目 ________

2012年		记账凭证号数	摘要	页数	借方												贷方												借或贷	余额											
月	日				十	亿	千	百	十	万	千	百	十	元	角	分	十	亿	千	百	十	万	千	百	十	元	角	分		十	亿	千	百	十	万	千	百	十	元	角	分
			期初余额																										借						8	6	4	7	9	2	5
12	2	4	预支差旅费								5	0	0	0	0	0																									
12	10	25	报销差旅费																				5	0	0	0	0	0													
12	10	26	保险理赔						2	0	0	0	0	0	0	0																									
12	12	30	赔偿毁损材料									1	8	0	0	0																									
			本月合计						2	0	5	1	8	0	0	0							5	0	0	0	0	0	借					2	8	6	6	5	9	2	5

明细分类账

总账科目 原材料

明细科目 ________

2012年		记账凭证号数	摘要	页数	借方												贷方												借或贷	余额											
月	日				十	亿	千	百	十	万	千	百	十	元	角	分	十	亿	千	百	十	万	千	百	十	元	角	分		十	亿	千	百	十	万	千	百	十	元	角	分
			期初余额																										借					7	0	4	0	0	0	0	0
12	5	13	购入原材料						1	4	2	5	0	0	0	0																									
12	10	23	收到 A 材料							5	0	0	0	0	0	0																									
12	10	27	购买材料							4	0	9	0	0	0	0																									
12	11	28	材料验收入库							5	0	9	3	0	0	0																									
12	11	29	材料毁损																					1	8	0	0	0													
12	18	51	购入原材料							1	5	5	5	8	0	0																									
12	20	59	换入原材料						1	5	0	0	0	0	0	0																									
			本月合计						4	4	9	8	8	8	0	0								1	8	0	0	0	借				1	1	5	3	7	0	8	0	0

明细分类账

总账科目　库存商品

明细科目　

2012年		记账凭证号数	摘要	页数	借方												贷方												借或贷	余额											
月	日				十	亿	千	百	十	万	千	百	十	元	角	分	十	亿	千	百	十	万	千	百	十	元	角	分		十	亿	千	百	十	万	千	百	十	元	角	分
			期初余额																										借				1	5	3	0	0	0	0	0	0
12	12	31	购买甲商品							1	0	0	0	0	0	0																									
12	12	32	盘盈库存商品								4	0	0	0	0	0																									
12	12	33	债务重组							8	0	0	0	0	0	0																									
12	18	52	赊购商品							4	0	0	0	0	0	0																									
12	20	59	换出库存商品																		1	2	0	0	0	0	0	0													
12	23	72	结转成本																	1	2	9	0	0	0	0	0	0													
			本月合计						1	3	4	0	0	0	0	0				1	4	1	0	0	0	0	0	0	借					2	5	4	0	0	0	0	0

明细分类账

总账科目　周转材料

明细科目　

2012年		记账凭证号数	摘要	页数	借方												贷方												借或贷	余额											
月	日				十	亿	千	百	十	万	千	百	十	元	角	分	十	亿	千	百	十	万	千	百	十	元	角	分		十	亿	千	百	十	万	千	百	十	元	角	分
			期初余额																										借					4	0	0	1	2	3	0	0
12	12	34	购买周转材料								5	0	0	0	0	0																									
12	12	35	领用包装物																				3	0	0	0	0	0													
			本月合计								5	0	0	0	0	0							3	0	0	0	0	0	借					4	0	2	1	2	3	0	0

明细分类账

总账科目 可供出售金融资产

明细科目 成本

2012年		记账凭证号数	摘要	页数	借方												贷方												借或贷	余额											
月	日				十	亿	千	百	十	万	千	百	十	元	角	分	十	亿	千	百	十	万	千	百	十	元	角	分		十	亿	千	百	十	万	千	百	十	元	角	分
			期初余额																										借					2	1	0	0	0	0	0	0
12	12	36	购入股票						3	0	0	6	0	0	0	0																									
			本月合计						3	0	0	6	0	0	0	0													借					5	1	0	6	0	0	0	0

明细分类账

总账科目 可供出售金融资产

明细科目 公允价值变动

2012年		记账凭证号数	摘要	页数	借方												贷方												借或贷	余额											
月	日				十	亿	千	百	十	万	千	百	十	元	角	分	十	亿	千	百	十	万	千	百	十	元	角	分		十	亿	千	百	十	万	千	百	十	元	角	分
12	14	37	公允价值变动							1	9	4	0	0	0	0																									
			本月合计							1	9	4	0	0	0	0													借						1	9	4	0	0	0	0

明细分类账

总账科目　持有至到期投资

明细科目　成本

2012年		记账凭证号数	摘要	页数	借方												贷方												借或贷	余额											
月	日				十	亿	千	百	十	万	千	百	十	元	角	分	十	亿	千	百	十	万	千	百	十	元	角	分		十	亿	千	百	十	万	千	百	十	元	角	分
			期初余额																										借					3	0	0	0	0	0	0	0
12	14	38	出售持有债券																			2	0	0	0	0	0	0													
			本月合计																			2	0	0	0	0	0	0	借					2	8	0	0	0	0	0	0

明细分类账

总账科目　持有至到期投资

明细科目　利息调整

2012年		记账凭证号数	摘要	页数	借方												贷方												借或贷	余额											
月	日				十	亿	千	百	十	万	千	百	十	元	角	分	十	亿	千	百	十	万	千	百	十	元	角	分		十	亿	千	百	十	万	千	百	十	元	角	分
12	14	38	出售持有债券																				1	0	0	0	0	0													
			本月合计																				1	0	0	0	0	0	贷							1	0	0	0	0	0

明细分类账

总账科目 长期股权投资

明细科目 ______

2012年		记账凭证号数	摘要	页数	借方												贷方												借或贷	余额											
月	日				十	亿	千	百	十	万	千	百	十	元	角	分	十	亿	千	百	十	万	千	百	十	元	角	分		十	亿	千	百	十	万	千	百	十	元	角	分
			期初余额																										借					2	0	0	0	0	0	0	0
12	14	39	买B公司股票							4	9	7	0	0	0	0																									
12	16	40	出售长期股权																			9	0	0	0	0	0	0													
			本月合计							4	9	7	0	0	0	0						9	0	0	0	0	0	0	借					1	5	9	7	0	0	0	0

明细分类账

总账科目 应收股利

明细科目 ______

2012年		记账凭证号数	摘要	页数	借方												贷方												借或贷	余额											
月	日				十	亿	千	百	十	万	千	百	十	元	角	分	十	亿	千	百	十	万	千	百	十	元	角	分		十	亿	千	百	十	万	千	百	十	元	角	分
12	14	39	买B公司股票								2	0	0	0	0	0																									
			本月合计								2	0	0	0	0	0													借							2	0	0	0	0	0

明细分类账

总账科目　投资性房地产

明细科目　成本

2012年 月	日	记账凭证号数	摘要	页数	借方												贷方												借或贷	余额											
					十	亿	千	百	十	万	千	百	十	元	角	分	十	亿	千	百	十	万	千	百	十	元	角	分		十	亿	千	百	十	万	千	百	十	元	角	分
			期初余额																										借					3	1	0	0	0	0	0	0
12	16	41	出租A建筑物						3	0	0	0	0	0	0	0																									
12	16	42	收回出租厂房																		2	5	6	0	0	0	0	0													
			本月合计						3	0	0	0	0	0	0	0													借					3	5	4	0	0	0	0	0

明细分类账

总账科目　投资性房地产累计折旧

明细科目

2012年 月	日	记账凭证号数	摘要	页数	借方												贷方												借或贷	余额											
					十	亿	千	百	十	万	千	百	十	元	角	分	十	亿	千	百	十	万	千	百	十	元	角	分		十	亿	千	百	十	万	千	百	十	元	角	分
12	16	41	出租A建筑物																			6	0	0	0	0	0	0													
12	16	42	收回厂房							5	0	0	0	0	0	0																									
			本月合计							5	0	0	0	0	0	0						6	0	0	0	0	0	0	贷						1	0	0	0	0	0	0

明细分类账

总账科目 投资性房地产减值准备

明细科目

2012年		记账凭证号数	摘要	页数	借方												贷方												借或贷	余额											
月	日				十	亿	千	百	十	万	千	百	十	元	角	分	十	亿	千	百	十	万	千	百	十	元	角	分		十	亿	千	百	十	万	千	百	十	元	角	分
12	16	41	出租A建筑物																			1	5	0	0	0	0	0													
			本月合计																			1	5	0	0	0	0	0	贷						1	5	0	0	0	0	0

明细分类账

总账科目 固定资产

明细科目

2012年		记账凭证号数	摘要	页数	借方												贷方												借或贷	余额											
月	日				十	亿	千	百	十	万	千	百	十	元	角	分	十	亿	千	百	十	万	千	百	十	元	角	分		十	亿	千	百	十	万	千	百	十	元	角	分
			期初余额																										借				2	4	9	8	7	2	3	2	5
12	3	6	购买电子设备							3	0	0	0	0	0	0																									
12	16	41	出租A建筑物																		3	0	0	0	0	0	0	0													
12	16	42	收回厂房						2	5	6	0	0	0	0	0																									
12	16	43	购入固定资产							7	3	7	2	0	0	0																									
12	17	44⅓	转入清理																				2	8	5	0	0	0													
12	17	45	购买小汽车						2	5	0	0	0	0	0	0																									
12	22	70	接受捐赠								6	0	0	0	0	0																									
12	29	89	收到投入资产						2	0	0	0	0	0	0	0																									
			本月合计						8	1	5	7	2	0	0	0					3	0	2	8	5	0	0	0	借				3	0	1	1	5	9	3	2	5

明细分类账

总账科目　累计折旧

明细科目

2012年		记账凭证号数	摘要	页数	借方												贷方												借或贷	余额											
月	日				十	亿	千	百	十	万	千	百	十	元	角	分	十	亿	千	百	十	万	千	百	十	元	角	分		十	亿	千	百	十	万	千	百	十	元	角	分
			期初余额																										贷					1	5	6	3	0	0	0	0
12	16	41	出租A建筑物							6	0	0	0	0	0	0																									
12	16	42	收回厂房																			5	0	0	0	0	0	0													
12	17	$44\frac{1}{3}$	报废清理								1	3	2	0	0	0																									
			本月合计							6	1	3	2	0	0	0						5	0	0	0	0	0	0	贷					1	4	4	9	8	0	0	0

明细分类账

总账科目　固定资产清理

明细科目

2012年		记账凭证号数	摘要	页数	借方												贷方												借或贷	余额											
月	日				十	亿	千	百	十	万	千	百	十	元	角	分	十	亿	千	百	十	万	千	百	十	元	角	分		十	亿	千	百	十	万	千	百	十	元	角	分
			期初余额																										借					3	1	0	0	0	0	0	0
12	10	26	保险理赔																		2	0	0	0	0	0	0	0													
12	17	$44\frac{1}{3}$	报废清理								1	5	3	0	0	0																									
12	17	$44\frac{2}{3}$	收回残料收入																						7	5	0	0													
12	17	$44\frac{3}{3}$	结转净损失																				1	4	5	5	0	0													
			本月合计								1	5	3	0	0	0					2	0	1	5	3	0	0	0	借					1	1	0	0	0	0	0	0

明细分类账

总账科目 固定资产减值准备

明细科目 ____________

2012年		记账凭证号数	摘要	页数	借方												贷方												借或贷	余额											
月	日				十	亿	千	百	十	万	千	百	十	元	角	分	十	亿	千	百	十	万	千	百	十	元	角	分		十	亿	千	百	十	万	千	百	十	元	角	分
			期初余额																										贷						3	0	0	0	0	0	0
12	16	41	出租A建筑物							1	5	0	0	0	0	0																									
			本月合计							1	5	0	0	0	0	0													贷						1	5	0	0	0	0	0

明细分类账

总账科目 无形资产

明细科目 ____________

2012年		记账凭证号数	摘要	页数	借方												贷方												借或贷	余额											
月	日				十	亿	千	百	十	万	千	百	十	元	角	分	十	亿	千	百	十	万	千	百	十	元	角	分		十	亿	千	百	十	万	千	百	十	元	角	分
			期初余额																										借					5	8	7	4	6	2	0	0
12	17	46	购入专利							8	5	0	0	0	0	0																									
			本月合计							8	5	0	0	0	0	0													借					6	7	2	4	6	2	0	0

明细分类账

总账科目　长期待摊费用

明细科目　

2012年		记账凭证号数	摘要	页数	借方												贷方												借或贷	余额											
月	日				十	亿	千	百	十	万	千	百	十	元	角	分	十	亿	千	百	十	万	千	百	十	元	角	分		十	亿	千	百	十	万	千	百	十	元	角	分
12	17	47	租入办公用房						2	0	0	0	0	0	0	0																									
			本月合计						2	0	0	0	0	0	0	0													借					2	0	0	0	0	0	0	0

（二）负债类明细账

明细分类账

总账科目　短期借款

明细科目　

2012年		记账凭证号数	摘要	页数	借方												贷方												借或贷	余额											
月	日				十	亿	千	百	十	万	千	百	十	元	角	分	十	亿	千	百	十	万	千	百	十	元	角	分		十	亿	千	百	十	万	千	百	十	元	角	分
			期初余额																										贷				1	4	8	0	0	0	0	0	0
12	17	48	取得短期借款																		1	5	0	0	0	0	0	0													
12	18	49	归还借款							2	0	0	0	0	0	0																									
			本月合计							2	0	0	0	0	0	0					1	5	0	0	0	0	0	0	贷				1	6	1	0	0	0	0	0	0

明细分类账

总账科目 应付账款

明细科目 ______

2012年 月	日	记账凭证号数	摘要	页数	借方（十亿千百十万千百十元角分）	贷方（十亿千百十万千百十元角分）	借或贷	余额（十亿千百十万千百十元角分）
			期初余额				贷	51000000
12	18	50	支付欠款		2000000			
12	18	52	赊购商品			4680000		
12	19	53	支付货款		4680000			
			本月合计		6680000	4680000	贷	49000000

明细分类账

总账科目 应付票据

明细科目 ______

2012年 月	日	记账凭证号数	摘要	页数	借方（十亿千百十万千百十元角分）	贷方（十亿千百十万千百十元角分）	借或贷	余额（十亿千百十万千百十元角分）
			期初余额				贷	49800000
12	18	50	支付欠款			2000000		
12	18	51	购入原材料			1815000		
			本月合计			3815000	贷	53615000

明细分类账

总账科目 预收账款

明细科目

2012年		记账凭证号数	摘要	页数	借方												贷方												借或贷	余额											
月	日				十	亿	千	百	十	万	千	百	十	元	角	分	十	亿	千	百	十	万	千	百	十	元	角	分		十	亿	千	百	十	万	千	百	十	元	角	分
12	19	54	收到预付款																			9	0	0	0	0	0	0													
12	20	55	发出货物							9	0	0	0	0	0	0																									
			本月合计							9	0	0	0	0	0	0						9	0	0	0	0	0	0	平										0		

明细分类账

总账科目 应付职工薪酬

明细科目 职工工资

2012年		记账凭证号数	摘要	页数	借方												贷方												借或贷	余额											
月	日				十	亿	千	百	十	万	千	百	十	元	角	分	十	亿	千	百	十	万	千	百	十	元	角	分		十	亿	千	百	十	万	千	百	十	元	角	分
			期初余额																										贷						8	5	6	3	1	2	5
12	20	58	支付职工工资							4	0	0	0	0	0	0																									
			本月合计							4	0	0	0	0	0	0													贷						4	5	6	3	1	2	5

明细分类账

总账科目 应付职工薪酬

明细科目 教育经费

2012年		记账凭证号数	摘要	页数	借方												贷方												借或贷	余额											
月	日				十	亿	千	百	十	万	千	百	十	元	角	分	十	亿	千	百	十	万	千	百	十	元	角	分		十	亿	千	百	十	万	千	百	十	元	角	分
			期初余额																										贷							9	0	0	0	0	0
12	20	56	支付业务培训费								2	4	0	0	0	0																									
			本月合计								2	4	0	0	0	0													贷							6	6	0	0	0	0

明细分类账

总账科目 应付职工薪酬

明细科目 职工福利

2012年		记账凭证号数	摘要	页数	借方												贷方												借或贷	余额											
月	日				十	亿	千	百	十	万	千	百	十	元	角	分	十	亿	千	百	十	万	千	百	十	元	角	分		十	亿	千	百	十	万	千	百	十	元	角	分
			期初余额																										贷						1	1	0	0	0	0	0
12	20	57	支付困难补助								3	6	0	0	0	0																									
			本月合计								3	6	0	0	0	0													贷							7	4	0	0	0	0

明细分类账

总账科目　应交税费

明细科目　未交增值税

2012年		记账凭证号数	摘要	页数	借方												贷方												借或贷	余额											
月	日				十	亿	千	百	十	万	千	百	十	元	角	分	十	亿	千	百	十	万	千	百	十	元	角	分		十	亿	千	百	十	万	千	百	十	元	角	分
12	31	60 2/2	计算本月应交未交增值税																		2	0	8	0	3	3	0	0													
			本月合计																		2	0	8	0	3	3	0	0	贷					2	0	8	0	3	3	0	0

明细分类账

总账科目　应交税费

明细科目　应交增值税(转出未交增值税)

2012年		记账凭证号数	摘要	页数	借方												贷方												借或贷	余额											
月	日				十	亿	千	百	十	万	千	百	十	元	角	分	十	亿	千	百	十	万	千	百	十	元	角	分		十	亿	千	百	十	万	千	百	十	元	角	分
12	31	103	计算本月应交未交增值税						2	0	8	0	3	3	0	0																									
			本月合计						2	0	8	0	3	3	0	0													借					2	0	8	0	3	3	0	0

明细分类账

总账科目 应交税费

明细科目 应交增值税(进项税额)

2012年		记账凭证号数	摘要	页数	借方												贷方												借或贷	余额											
月	日				十	亿	千	百	十	万	千	百	十	元	角	分	十	亿	千	百	十	万	千	百	十	元	角	分		十	亿	千	百	十	万	千	百	十	元	角	分
12	3	6	购入电子设备								5	1	0	0	0	0																									
12	5	13	购入原材料							2	4	2	2	5	0	0																									
12	10	23	材料入库								8	5	0	0	0	0																									
12	10	27	购入原材料								6	8	0	0	0	0																									
12	11	28	收到原材料								8	5	7	0	0	0																									
12	12	31	购入甲商品								1	7	0	0	0	0																									
12	12	33	债务重组							1	3	6	0	0	0	0																									
12	12	34	购入周转材料									8	5	0	0	0																									
12	16	43	购入固定资产							1	2	1	8	0	0	0																									
12	17	45	购入小汽车							4	2	5	0	0	0	0																									
12	18	51	购入原材料								2	5	9	2	0	0																									
12	18	52	赊购商品								6	8	0	0	0	0																									
12	20	59	换入原材料							2	5	5	0	0	0	0																									
12	22	70	收到打印机								1	0	2	0	0	0																									
			本月合计						1	5	9	9	3	7	0	0													借					1	5	9	9	3	7	0	0

明细分类账

总账科目　应交税费

明细科目　应交增值税(销项税额)

2012年		记账凭证号数	摘要	页数	借方												贷方												借或贷	余额											
月	日				十	亿	千	百	十	万	千	百	十	元	角	分	十	亿	千	百	十	万	千	百	十	元	角	分		十	亿	千	百	十	万	千	百	十	元	角	分
12	6	18	销售乙产品																			1	3	6	0	0	0	0													
12	7	20	销售乙产品																		1	0	2	0	0	0	0	0													
12	20	55	销售货物																			3	0	6	0	0	0	0													
12	20	59	换出库存商品																			2	0	4	0	0	0	0													
12	21	67	销售产品																		1	1	9	0	0	0	0	0													
12	21	68	销售商品																			8	5	0	0	0	0	0													
			本月合计																		3	7	0	6	0	0	0	0	贷					3	7	0	6	0	0	0	0

明细分类账

总账科目　应交税费

明细科目　应交增值税(已交税金)

2012年		记账凭证号数	摘要	页数	借方												贷方												借或贷	余额											
月	日				十	亿	千	百	十	万	千	百	十	元	角	分	十	亿	千	百	十	万	千	百	十	元	角	分		十	亿	千	百	十	万	千	百	十	元	角	分
12	21	60	预缴增值税								2	6	3	0	0	0																									
			本月合计								2	6	3	0	0	0													借							2	6	3	0	0	0

明细分类账

总账科目 应交税费

明细科目 应交城建税

2012年		记账凭证号数	摘要	页数	借方												贷方												借或贷	余额											
月	日				十	亿	千	百	十	万	千	百	十	元	角	分	十	亿	千	百	十	万	千	百	十	元	角	分		十	亿	千	百	十	万	千	百	十	元	角	分
12	4	10	缴纳城建税									3	1	2	0	0																									
12	31	93	计提城建税																			1	4	7	5	4	8	1													
			本月合计									3	1	2	0	0						1	4	7	5	4	8	1	贷						1	4	4	4	2	8	1

明细分类账

总账科目 应交税费

明细科目 应交教育费附加

2012年		记账凭证号数	摘要	页数	借方												贷方												借或贷	余额											
月	日				十	亿	千	百	十	万	千	百	十	元	角	分	十	亿	千	百	十	万	千	百	十	元	角	分		十	亿	千	百	十	万	千	百	十	元	角	分
12	4	11	缴纳教育附加									1	3	3	7	1																									
12	31	93	计提教育附加																				6	3	2	3	4	9													
			本月合计									1	3	3	7	1							6	3	2	3	4	9	贷							6	1	8	9	7	8

明细分类账

总账科目　应交税费

明细科目　应交房产税

2012年		记账凭证号数	摘要	页数	借方												贷方												借或贷	余额											
月	日				十	亿	千	百	十	万	千	百	十	元	角	分	十	亿	千	百	十	万	千	百	十	元	角	分		十	亿	千	百	十	万	千	百	十	元	角	分
12	4	12	缴纳土地增值税								3	4	5	3	2	9																									
			本月合计								3	4	5	3	2	9													借							3	4	5	3	2	9

明细分类账

总账科目　应交税费

明细科目　应交所得税

2012年		记账凭证号数	摘要	页数	借方												贷方												借或贷	余额											
月	日				十	亿	千	百	十	万	千	百	十	元	角	分	十	亿	千	百	十	万	千	百	十	元	角	分		十	亿	千	百	十	万	千	百	十	元	角	分
12	4	9	缴纳企业所得税								1	8	6	2	0	0																									
12	31	94	计提所得税																		1	4	6	1	9	0	1	8													
			本月合计								1	8	6	2	0	0					1	4	6	1	9	0	1	8	贷					1	4	4	3	2	8	1	8

明细分类账

总账科目 应交税费

明细科目 应交个人所得税

2012年		记账凭证号数	摘要	页数	借方												贷方												借或贷	余额											
月	日				十	亿	千	百	十	万	千	百	十	元	角	分	十	亿	千	百	十	万	千	百	十	元	角	分		十	亿	千	百	十	万	千	百	十	元	角	分
12	20	58	计提个人所得税																					3	6	0	0	0													
			本月合计																					3	6	0	0	0	贷								3	6	0	0	0

明细分类账

总账科目 应交税费

明细科目 应交营业税

2012年		记账凭证号数	摘要	页数	借方												贷方												借或贷	余额											
月	日				十	亿	千	百	十	万	千	百	十	元	角	分	十	亿	千	百	十	万	千	百	十	元	角	分		十	亿	千	百	十	万	千	百	十	元	角	分
12	31	92	计提营业税																				2	7	5	0	0	0													
			本月合计																				2	7	5	0	0	0	贷							2	7	5	0	0	0

明细分类账

总账科目 应付利息

明细科目 ____________

2012年		记账凭证号数	摘要	页数	借方												贷方												借或贷	余额											
月	日				十	亿	千	百	十	万	千	百	十	元	角	分	十	亿	千	百	十	万	千	百	十	元	角	分		十	亿	千	百	十	万	千	百	十	元	角	分
			期初余额																										贷					1	4	0	0	0	0	0	0
12	21	61	支付借款利息							2	5	2	0	0	0	0																									
12	21	64	归还本息							3	3	6	0	0	0	0																									
			本月合计							5	8	8	0	0	0	0													贷						8	1	2	0	0	0	0

明细分类账

总账科目 其他应付款

明细科目 ____________

2012年		记账凭证号数	摘要	页数	借方												贷方												借或贷	余额											
月	日				十	亿	千	百	十	万	千	百	十	元	角	分	十	亿	千	百	十	万	千	百	十	元	角	分		十	亿	千	百	十	万	千	百	十	元	角	分
			期初余额																										贷						8	0	0	0	0	0	0
12	21	62	收到包装物押金																				3	0	0	0	0	0													
			本月合计																				3	0	0	0	0	0	贷						8	3	0	0	0	0	0

明细分类账

总账科目 长期借款

明细科目

2012年		记账凭证号数	摘要	页数	借方												贷方												借或贷	余额											
月	日				十	亿	千	百	十	万	千	百	十	元	角	分	十	亿	千	百	十	万	千	百	十	元	角	分		十	亿	千	百	十	万	千	百	十	元	角	分
			期初余额																										贷				1	4	4	6	8	1	8	1	5
12	21	63	借入长期借款																	1	0	0	0	0	0	0	0	0													
12	21	64	归还本金						4	0	0	0	0	0	0	0																									
			本月合计						4	0	0	0	0	0	0	0				1	0	0	0	0	0	0	0	0	贷				2	0	4	6	8	1	8	1	5

明细分类账

总账科目 应付债券

明细科目 面值

2012年		记账凭证号数	摘要	页数	借方												贷方												借或贷	余额											
月	日				十	亿	千	百	十	万	千	百	十	元	角	分	十	亿	千	百	十	万	千	百	十	元	角	分		十	亿	千	百	十	万	千	百	十	元	角	分
			期初余额																										贷						3	1	4	2	5	0	0
12	21	65	发行债券																		2	0	0	0	0	0	0	0													
			本月合计																		2	0	0	0	0	0	0	0	贷					2	3	1	4	2	5	0	0

明细分类账

总账科目 应付债券

明细科目 利息调整

2012年		记账凭证号数	摘要	页数	借方												贷方												借或贷	余额											
月	日				十	亿	千	百	十	万	千	百	十	元	角	分	十	亿	千	百	十	万	千	百	十	元	角	分		十	亿	千	百	十	万	千	百	十	元	角	分
12	21	65	发行债券																			1	5	9	7	0	0	0													
			本月合计																			1	5	9	7	0	0	0	贷						1	5	9	7	0	0	0

明细分类账

总账科目 应付股利

明细科目

2012年		记账凭证号数	摘要	页数	借方												贷方												借或贷	余额											
月	日				十	亿	千	百	十	万	千	百	十	元	角	分	十	亿	千	百	十	万	千	百	十	元	角	分		十	亿	千	百	十	万	千	百	十	元	角	分
			期初余额																										贷					3	2	3	4	5	2	7	5
12	31	102	现金股利						1	3	1	5	7	1	1	6																									
			本月合计						1	3	1	5	7	1	1	6													贷					1	9	1	8	8	1	5	9

（三）损益类明细账

明细分类账

总账科目 主营业务收入

明细科目 ____________

2012年		记账凭证号数	摘要	页数	借方												贷方												借或贷	余额											
月	日				十	亿	千	百	十	万	千	百	十	元	角	分	十	亿	千	百	十	万	千	百	十	元	角	分		十	亿	千	百	十	万	千	百	十	元	角	分
12	6	18	销售乙产品																			8	0	0	0	0	0	0													
12	7	20	销售乙产品																		6	0	0	0	0	0	0	0													
12	20	55	发出货物																		1	8	0	0	0	0	0	0													
12	21	66	销售甲产品																		7	0	0	0	0	0	0	0													
12	21	67	销售丙产品																		5	0	0	0	0	0	0	0													
12	31	95	结转收入					2	0	6	0	0	0	0	0	0																									
			本月合计					2	0	6	0	0	0	0	0	0				2	0	6	0	0	0	0	0	0	平										0		

明细分类账

总账科目 其他业务收入

明细科目 ____________

2012年		记账凭证号数	摘要	页数	借方												贷方												借或贷	余额											
月	日				十	亿	千	百	十	万	千	百	十	元	角	分	十	亿	千	百	十	万	千	百	十	元	角	分		十	亿	千	百	十	万	千	百	十	元	角	分
12	22	68	提供运输劳务																			3	5	0	0	0	0	0													
12	22	69	收到租金																			2	0	0	0	0	0	0													
12	31	95	结转收入							5	5	0	0	0	0	0																									
			本月合计							5	5	0	0	0	0	0						5	5	0	0	0	0	0	平										0		

明细分类账

总账科目 营业外收入

明细科目 ______

2012年		记账凭证号数	摘要	页数	借方												贷方												借或贷	余额											
月	日				十	亿	千	百	十	万	千	百	十	元	角	分	十	亿	千	百	十	万	千	百	十	元	角	分		十	亿	千	百	十	万	千	百	十	元	角	分
12	22	70	捐赠利得																				7	0	2	0	0	0													
12	23	71	迟到罚款																					2	6	0	0	0													
12	31	95	结转收入								7	2	8	0	0	0																									
			本月合计								7	2	8	0	0	0							7	2	8	0	0	0	平										0		

明细分类账

总账科目 主营业务成本

明细科目 ______

2012年		记账凭证号数	摘要	页数	借方												贷方												借或贷	余额											
月	日				十	亿	千	百	十	万	千	百	十	元	角	分	十	亿	千	百	十	万	千	百	十	元	角	分		十	亿	千	百	十	万	千	百	十	元	角	分
12	23	72	计提成本					1	2	9	0	0	0	0	0	0																									
12	31	$97\frac{1}{2}$	结转成本																	1	2	9	0	0	0	0	0	0													
			本月合计					1	2	9	0	0	0	0	0	0				1	2	9	0	0	0	0	0	0	平										0		

明细分类账

总账科目 其他业务成本

明细科目 ________

2012年		记账凭证号数	摘要	页数	借方												贷方												借或贷	余额											
月	日				十	亿	千	百	十	万	千	百	十	元	角	分	十	亿	千	百	十	万	千	百	十	元	角	分		十	亿	千	百	十	万	千	百	十	元	角	分
12	24	73	后续服务费									4	0	0	0	0																									
12	31	97½	结转成本																					4	0	0	0	0													
			本月合计									4	0	0	0	0								4	0	0	0	0	平										0		

明细分类账

总账科目 销售费用

明细科目 ________

2012年		记账凭证号数	摘要	页数	借方												贷方												借或贷	余额											
月	日				十	亿	千	百	十	万	千	百	十	元	角	分	十	亿	千	百	十	万	千	百	十	元	角	分		十	亿	千	百	十	万	千	百	十	元	角	分
12	3	5	支付电话费								4	0	0	0	0	0																									
12	3	7	支付广告费							1	0	0	0	0	0	0																									
12	24	74	支付展览费						1	2	0	0	0	0	0	0																									
12	24	75	支付托运费								1	0	0	0	0	0																									
12	24	76	支付餐费									3	0	0	0	0																									
12	25	77	支付邮寄费									2	0	0	0	0																									
12	31	97⅔	结转费用																		1	3	5	5	0	0	0	0													
			本月合计						1	3	5	5	0	0	0	0					1	3	5	5	0	0	0	0	平										0		

明细分类账

总账科目　管理费用

明细科目

2012年		记账凭证号数	摘要	页数	借方												贷方												借或贷	余额											
月	日				十	亿	千	百	十	万	千	百	十	元	角	分	十	亿	千	百	十	万	千	百	十	元	角	分		十	亿	千	百	十	万	千	百	十	元	角	分
12	2	2	购买办公用品									9	0	0	0	0																									
12	10	25	报销差旅费								4	5	0	0	0	0																									
12	12	32	盘盈库存商品																				4	0	0	0	0	0													
12	12	35	领用包装物								3	0	0	0	0	0																									
12	25	78	购买印花税									5	0	0	0	0																									
12	25	79	支付保险费								5	6	0	0	0	0																									
12	26	80	结算业务招待费							2	2	4	4	2	0	0																									
12	26	81	支付宽带服务费								5	7	8	9	0	0																									
12	27	83	购买财务用品								3	0	0	0	0	0																									
12	31	97 2/2	结转费用																			4	1	7	3	1	0	0													
			本月合计							4	5	7	3	1	0	0						4	5	7	3	1	0	0	平										0		

明细分类账

总账科目　财务费用

明细科目

2012年		记账凭证号数	摘要	页数	借方												贷方												借或贷	余额											
月	日				十	亿	千	百	十	万	千	百	十	元	角	分	十	亿	千	百	十	万	千	百	十	元	角	分		十	亿	千	百	十	万	千	百	十	元	角	分
12	7	19 2/2	确认票据利息									2	9	5	0	0																									
12	26	82	存款利息收入																				3	2	0	0	0	0													
12	27	84	支付手续费								1	3	1	0	0	0																									
12	31	97 2/2	结转费用								1	5	9	5	0	0																									
			本月合计								3	2	0	0	0	0							3	2	0	0	0	0	平										0		

明细分类账

总账科目 营业外支出

明细科目 ____________

2012年		记账凭证号数	摘要	页数	借方												贷方												借或贷	余额											
月	日				十	亿	千	百	十	万	千	百	十	元	角	分	十	亿	千	百	十	万	千	百	十	元	角	分		十	亿	千	百	十	万	千	百	十	元	角	分
12	12	33	抵偿债务							2	3	4	0	0	0	0																									
12	17	$44\frac{2}{3}$	结转净损失								1	4	5	5	0	0																									
12	27	85	被环保局罚款							1	6	0	0	0	0	0																									
12	28	86	向希望工程捐款							2	0	0	0	0	0	0																									
12	28	87	被税务机关罚款								2	0	0	0	0	0																									
12	31	$97\frac{1}{2}$	结转成本																			6	2	8	5	5	0	0													
			本月合计							6	2	8	5	5	0	0						6	2	8	5	5	0	0	平										0		

明细分类账

总账科目 待处理财产损溢

明细科目 ____________

2012年		记账凭证号数	摘要	页数	借方												贷方												借或贷	余额											
月	日				十	亿	千	百	十	万	千	百	十	元	角	分	十	亿	千	百	十	万	千	百	十	元	角	分		十	亿	千	百	十	万	千	百	十	元	角	分
12	11	29	甲材料损毁									1	8	0	0	0																									
12	12	30	损毁材料查明原因																					1	8	0	0	0													
			本月合计									1	8	0	0	0								1	8	0	0	0	平										0		

明细分类账

总账科目　投资收益

明细科目

2012年		记账凭证号数	摘要	页数	借方												贷方												借或贷	余额											
月	日				十	亿	千	百	十	万	千	百	十	元	角	分	十	亿	千	百	十	万	千	百	十	元	角	分		十	亿	千	百	十	万	千	百	十	元	角	分
12	5	15½	核算利息																				6	0	0	0	0	0													
12	5	16	购入股票								2	0	0	0	0	0																									
12	14	38	出售债券																					2	0	0	0	0													
12	16	40	出售长期股权投资																				9	0	0	0	0	0													
12	31	96	结转本月投资收益							1	3	2	0	0	0	0																									
			本月合计							1	5	2	0	0	0	0						1	5	2	0	0	0	0	平										0		

明细分类账

总账科目　公允价值变动损益

明细科目

2012年		记账凭证号数	摘要	页数	借方												贷方												借或贷	余额											
月	日				十	亿	千	百	十	万	千	百	十	元	角	分	十	亿	千	百	十	万	千	百	十	元	角	分		十	亿	千	百	十	万	千	百	十	元	角	分
12	6	17	公允价值变动																				2	0	0	0	0	0													
12	31	96	结转净收益								2	0	0	0	0	0																									
			本月合计								2	0	0	0	0	0							2	0	0	0	0	0	平										0		

明细分类账

总账科目 营业税金及附加

明细科目 ______________

2012年		记账凭证号数	摘要	页数	借方												贷方												借或贷	余额											
月	日				十	亿	千	百	十	万	千	百	十	元	角	分	十	亿	千	百	十	万	千	百	十	元	角	分		十	亿	千	百	十	万	千	百	十	元	角	分
12	31	92	计提营业税								2	7	5	0	0	0																									
12	31	93	计提城建税、教育费附加							2	1	0	7	8	3	0																									
12	31	97½	结转成本																			2	3	8	2	8	3	0													
			本月合计							2	3	8	2	8	3	0						2	3	8	2	8	3	0	平										0		

明细分类账

总账科目 所得税费用

明细科目 ______________

2012年		记账凭证号数	摘要	页数	借方												贷方												借或贷	余额											
月	日				十	亿	千	百	十	万	千	百	十	元	角	分	十	亿	千	百	十	万	千	百	十	元	角	分		十	亿	千	百	十	万	千	百	十	元	角	分
12	31	94	计提所得税						1	4	6	1	9	0	1	8																									
12	31	98	结转所得税																		1	4	6	1	9	0	1	8													
			本月合计						1	4	6	1	9	0	1	8					1	4	6	1	9	0	1	8	平										0		

(四)所有者权益类明细账

明细分类账

总账科目　实收资本

明细科目

2012年		记账凭证号数	摘要	页数	借方												贷方												借或贷	余额											
月	日				十	亿	千	百	十	万	千	百	十	元	角	分	十	亿	千	百	十	万	千	百	十	元	角	分		十	亿	千	百	十	万	千	百	十	元	角	分
			期初余额																										贷				5	0	0	0	0	0	0	0	0
12	29	88	收到投资款																	1	0	0	0	0	0	0	0	0													
12	29	89	收到固定资产																		2	0	0	0	0	0	0	0													
12	30	90 1/2	收到发行收入																	2	0	0	0	0	0	0	0	0													
12	30	91	转增资本																		5	0	0	0	0	0	0	0													
			本月合计																	3	7	0	0	0	0	0	0	0	贷				8	7	0	0	0	0	0	0	0

明细分类账

总账科目　资本公积

明细科目

2012年		记账凭证号数	摘要	页数	借方												贷方												借或贷	余额											
月	日				十	亿	千	百	十	万	千	百	十	元	角	分	十	亿	千	百	十	万	千	百	十	元	角	分		十	亿	千	百	十	万	千	百	十	元	角	分
			期初余额																										贷					7	4	0	0	0	0	0	0
12	30	90 1/2	收到发行收入																	4	0	0	0	0	0	0	0	0													
12	30	90 2/2	支付发行费用						1	5	0	0	0	0	0	0																									
12	30	91	转增资本						5	0	0	0	0	0	0	0																									
			本月合计						6	5	0	0	0	0	0	0				4	0	0	0	0	0	0	0	0	贷				4	0	9	0	0	0	0	0	0

明细分类账

总账科目 资本公积

明细科目 其他资本公积

2012年		记账凭证号数	摘要	页数	借方												贷方												借或贷	余额											
月	日				十	亿	千	百	十	万	千	百	十	元	角	分	十	亿	千	百	十	万	千	百	十	元	角	分		十	亿	千	百	十	万	千	百	十	元	角	分
12	14	37	公允价值变动																			1	9	4	0	0	0	0													
			本月合计																			1	9	4	0	0	0	0	贷						1	9	4	0	0	0	0

明细分类账

总账科目 本年利润

明细科目

2012年		记账凭证号数	摘要	页数	借方												贷方												借或贷	余额											
月	日				十	亿	千	百	十	万	千	百	十	元	角	分	十	亿	千	百	十	万	千	百	十	元	角	分		十	亿	千	百	十	万	千	百	十	元	角	分
12	31	95	结转收入																	2	1	2	2	2	8	0	0	0													
12	31	96	结转净收益																			1	5	2	0	0	0	0													
13	31	$97\frac{1}{2}$	结转成本					1	3	7	7	0	8	3	3	0																									
12	31	$97\frac{2}{2}$	结转费用						1	7	5	6	3	6	0	0																									
12	31	98	结转所得税						1	4	6	1	9	0	1	8																									
12	31	101	转入利润分配						4	3	8	5	7	0	5	2																									
			本月合计					2	1	3	7	4	8	0	0	0				2	1	3	7	4	8	0	0	0	平										0		

明细分类账

总账科目　盈余公积

明细科目

2012年		记账凭证号数	摘　要	页数	借　方												贷　方												借或贷	余　额											
月	日				十	亿	千	百	十	万	千	百	十	元	角	分	十	亿	千	百	十	万	千	百	十	元	角	分		十	亿	千	百	十	万	千	百	十	元	角	分
			期初余额																										贷					3	4	6	2	5	0	0	0
12	31	99	计提法定公积																			4	3	8	5	7	0	5													
			本月合计																			4	3	8	5	7	0	5	贷					3	9	0	1	0	7	0	5

明细分类账

总账科目　利润分配

明细科目　提取法定盈余公积

2012年		记账凭证号数	摘　要	页数	借　方												贷　方												借或贷	余　额											
月	日				十	亿	千	百	十	万	千	百	十	元	角	分	十	亿	千	百	十	万	千	百	十	元	角	分		十	亿	千	百	十	万	千	百	十	元	角	分
12	31	99	计提法定公积							4	3	8	5	7	0	5																									
12	31	100	转入利润分配																			4	3	8	5	7	0	5													
			本月合计							4	3	8	5	7	0	5						4	3	8	5	7	0	5	平										0		

明细分类账

总账科目 利润分配

明细科目 未分配利润

2012年		记账凭证号数	摘要	页数	借方												贷方												借或贷	余额											
月	日				十	亿	千	百	十	万	千	百	十	元	角	分	十	亿	千	百	十	万	千	百	十	元	角	分		十	亿	千	百	十	万	千	百	十	元	角	分
			期初余额																										贷					4	5	3	3	1	1	0	0
12	31	100	转入利润分配							4	3	8	5	7	0	5																									
12	31	101	转入利润分配																		4	3	8	5	7	0	5	2													
			本月合计							4	3	8	5	7	0	5					4	3	8	5	7	0	5	2	贷					8	4	8	0	2	4	4	7

二、登记总分类账

（一）资产类总分类账

总分类账

科目名称 库存现金

2012年		记账凭证号数	摘要	页数	借方												贷方												借或贷	余额											
月	日				十	亿	千	百	十	万	千	百	十	元	角	分	十	亿	千	百	十	万	千	百	十	元	角	分		十	亿	千	百	十	万	千	百	十	元	角	分
			期初余额																										借						9	2	7	5	0	6	5
12	31		汇1－103号凭证							2	3	8	3	5	0	0						8	3	9	4	0	0	0	借						3	2	6	4	5	6	5

总分类账

科目名称　银行存款

2012年		记账凭证号数	摘要	页数	借方												贷方												借或贷	余额											
月	日				十	亿	千	百	十	万	千	百	十	元	角	分	十	亿	千	百	十	万	千	百	十	元	角	分		十	亿	千	百	十	万	千	百	十	元	角	分
			期初余额																										借				2	0	9	7	0	5	0	0	0
12	31		汇1－103号凭证				1	0	6	4	2	0	5	0	0	0				2	3	6	8	4	5	3	1	6	借			1	0	3	7	0	6	4	6	8	4

总分类账

科目名称　其他货币资金

2012年		记账凭证号数	摘要	页数	借方												贷方												借或贷	余额											
月	日				十	亿	千	百	十	万	千	百	十	元	角	分	十	亿	千	百	十	万	千	百	十	元	角	分		十	亿	千	百	十	万	千	百	十	元	角	分
			期初余额																										借					2	3	1	5	0	0	0	0
12	31		汇1－103号凭证																		2	3	1	5	0	0	0	0	平										0		

总分类账

科目名称 交易性金融资产

2012年		记账凭证号数	摘要	页数	借方												贷方												借或贷	余额											
月	日				十	亿	千	百	十	万	千	百	十	元	角	分	十	亿	千	百	十	万	千	百	十	元	角	分		十	亿	千	百	十	万	千	百	十	元	角	分
			期初余额																										借					6	8	2	3	0	0	0	0
12	31		汇1－103号凭证						1	0	7	0	0	0	0	0					2	0	0	0	0	0	0	0	借					5	8	9	3	0	0	0	0

总分类账

科目名称 公允价值变动损益

2012年		记账凭证号数	摘要	页数	借方												贷方												借或贷	余额											
月	日				十	亿	千	百	十	万	千	百	十	元	角	分	十	亿	千	百	十	万	千	百	十	元	角	分		十	亿	千	百	十	万	千	百	十	元	角	分
12	31		汇1－103号凭证								2	0	0	0	0	0							2	0	0	0	0	0	平										0		

总分类账

科目名称　应收股利

2012年		记账凭证号数	摘要	页数	借方												贷方												借或贷	余额											
月	日				十	亿	千	百	十	万	千	百	十	元	角	分	十	亿	千	百	十	万	千	百	十	元	角	分		十	亿	千	百	十	万	千	百	十	元	角	分
12	31		汇 1－103 号凭证								2	0	0	0	0	0													借							2	0	0	0	0	0

总分类账

科目名称　应收利息

2012年		记账凭证号数	摘要	页数	借方												贷方												借或贷	余额											
月	日				十	亿	千	百	十	万	千	百	十	元	角	分	十	亿	千	百	十	万	千	百	十	元	角	分		十	亿	千	百	十	万	千	百	十	元	角	分
12	31		汇 1－103 号凭证								6	0	0	0	0	0							6	0	0	0	0	0	平										0		

总分类账

科目名称 应收票据

2012年		记账凭证号数	摘要	页数	借方												贷方												借或贷	余额											
月	日				十	亿	千	百	十	万	千	百	十	元	角	分	十	亿	千	百	十	万	千	百	十	元	角	分		十	亿	千	百	十	万	千	百	十	元	角	分
			期初余额																										借					2	3	2	6	0	0	0	0
12	31		汇1－103号凭证						6	7	8	6	0	0	0	0					1	0	0	0	0	0	0	0	借					8	1	1	2	0	0	0	0

总分类账

科目名称 应收账款

2012年		记账凭证号数	摘要	页数	借方												贷方												借或贷	余额											
月	日				十	亿	千	百	十	万	千	百	十	元	角	分	十	亿	千	百	十	万	千	百	十	元	角	分		十	亿	千	百	十	万	千	百	十	元	角	分
			期初余额																										借					6	5	5	2	0	0	0	0
12	31		汇1－103号凭证						7	0	6	6	0	0	0	0					8	4	2	6	0	0	0	0	借					5	1	9	2	0	0	0	0

总分类账

科目名称 预付账款

2012年		记账凭证号数	摘要	页数	借方												贷方												借或贷	余额											
月	日				十	亿	千	百	十	万	千	百	十	元	角	分	十	亿	千	百	十	万	千	百	十	元	角	分		十	亿	千	百	十	万	千	百	十	元	角	分
			期初余额																										借					2	1	3	0	0	0	0	0
12	31		汇1－103号凭证							6	0	0	0	0	0	0						6	0	0	0	0	0	0	借					2	1	3	0	0	0	0	0

总分类账

科目名称 其他应收款

2012年		记账凭证号数	摘要	页数	借方												贷方												借或贷	余额											
月	日				十	亿	千	百	十	万	千	百	十	元	角	分	十	亿	千	百	十	万	千	百	十	元	角	分		十	亿	千	百	十	万	千	百	十	元	角	分
			期初余额																										借						8	6	4	7	9	2	5
12	31		汇1－103号凭证						2	0	5	1	8	0	0	0							5	0	0	0	0	0	借					2	8	6	6	5	9	2	5

总分类账

科目名称 原材料

2012年		记账凭证号数	摘要	页数	借方												贷方												借或贷	余额											
月	日				十	亿	千	百	十	万	千	百	十	元	角	分	十	亿	千	百	十	万	千	百	十	元	角	分		十	亿	千	百	十	万	千	百	十	元	角	分
			期初余额																										借					7	0	4	0	0	0	0	0
12	31		汇1－103号凭证						4	4	9	8	8	8	0	0								1	8	0	0	0	借				1	1	5	3	7	0	8	0	0

总分类账

科目名称 库存商品

2012年		记账凭证号数	摘要	页数	借方												贷方												借或贷	余额											
月	日				十	亿	千	百	十	万	千	百	十	元	角	分	十	亿	千	百	十	万	千	百	十	元	角	分		十	亿	千	百	十	万	千	百	十	元	角	分
			期初余额																										借				1	5	3	0	0	0	0	0	0
12	31		汇1－103号凭证						1	3	4	0	0	0	0	0				1	4	1	0	0	0	0	0	0	借					2	5	4	0	0	0	0	0

总分类账

科目名称　周转材料

2012年		记账凭证号数	摘要	页数	借方												贷方												借或贷	余额											
月	日				十	亿	千	百	十	万	千	百	十	元	角	分	十	亿	千	百	十	万	千	百	十	元	角	分		十	亿	千	百	十	万	千	百	十	元	角	分
			期初余额																										借					4	0	0	1	2	3	0	0
12	31		汇1－103号凭证								5	0	0	0	0	0							3	0	0	0	0	0	借					4	0	2	1	2	3	0	0

总分类账

科目名称　可供出售金融资产

2012年		记账凭证号数	摘要	页数	借方												贷方												借或贷	余额											
月	日				十	亿	千	百	十	万	千	百	十	元	角	分	十	亿	千	百	十	万	千	百	十	元	角	分		十	亿	千	百	十	万	千	百	十	元	角	分
			期初余额																										借					2	1	0	0	0	0	0	0
12	31		汇1－103号凭证						3	2	0	0	0	0	0	0													借					5	3	0	0	0	0	0	0

总分类账

科目名称 持有至到期投资

2012年		记账凭证号数	摘要	页数	借方												贷方												借或贷	余额											
月	日				十	亿	千	百	十	万	千	百	十	元	角	分	十	亿	千	百	十	万	千	百	十	元	角	分		十	亿	千	百	十	万	千	百	十	元	角	分
			期初余额																										借					3	0	0	0	0	0	0	0
12	31		汇1－103号凭证																			2	1	0	0	0	0	0	借					2	7	9	0	0	0	0	0

总分类账

科目名称 长期股权投资

2012年		记账凭证号数	摘要	页数	借方												贷方												借或贷	余额											
月	日				十	亿	千	百	十	万	千	百	十	元	角	分	十	亿	千	百	十	万	千	百	十	元	角	分		十	亿	千	百	十	万	千	百	十	元	角	分
			期初余额																										借					2	0	0	0	0	0	0	0
12	31		汇1－103号凭证							4	9	7	0	0	0	0						9	0	0	0	0	0	0	借					1	5	9	7	0	0	0	0

总分类账

科目名称　应收股利

2012年		记账凭证号数	摘要	页数	借方												贷方												借或贷	余额											
月	日				十	亿	千	百	十	万	千	百	十	元	角	分	十	亿	千	百	十	万	千	百	十	元	角	分		十	亿	千	百	十	万	千	百	十	元	角	分
12	31		汇1－103号凭证								2	0	0	0	0	0													借							2	0	0	0	0	0

总分类账

科目名称　投资性房地产

2012年		记账凭证号数	摘要	页数	借方												贷方												借或贷	余额											
月	日				十	亿	千	百	十	万	千	百	十	元	角	分	十	亿	千	百	十	万	千	百	十	元	角	分		十	亿	千	百	十	万	千	百	十	元	角	分
			期初余额																										借					3	1	0	0	0	0	0	0
12	31		汇1－103号凭证						3	0	0	0	0	0	0	0					2	5	6	0	0	0	0	0	借					3	5	4	0	0	0	0	0

总分类账

科目名称 投资性房地产累计折旧

2012年		记账凭证号数	摘要	页数	借方												贷方												借或贷	余额											
月	日				十	亿	千	百	十	万	千	百	十	元	角	分	十	亿	千	百	十	万	千	百	十	元	角	分		十	亿	千	百	十	万	千	百	十	元	角	分
12	31		汇1－103号凭证							5	0	0	0	0	0	0						6	0	0	0	0	0	0	贷						1	0	0	0	0	0	0

总分类账

科目名称 投资性房地产减值准备

2012年		记账凭证号数	摘要	页数	借方												贷方												借或贷	余额											
月	日				十	亿	千	百	十	万	千	百	十	元	角	分	十	亿	千	百	十	万	千	百	十	元	角	分		十	亿	千	百	十	万	千	百	十	元	角	分
12	31		汇1－103号凭证																			1	5	0	0	0	0	0	贷						1	5	0	0	0	0	0

总分类账

科目名称　固定资产

2012年		记账凭证号数	摘要	页数	借方												贷方												借或贷	余额											
月	日				十	亿	千	百	十	万	千	百	十	元	角	分	十	亿	千	百	十	万	千	百	十	元	角	分		十	亿	千	百	十	万	千	百	十	元	角	分
			期初余额																										借				2	4	9	8	7	2	3	2	5
12	31		汇1－103号凭证						8	1	5	7	2	0	0	0					3	0	2	8	5	0	0	0	借				3	0	1	1	5	9	3	2	5

总分类账

科目名称　累计折旧

2012年		记账凭证号数	摘要	页数	借方												贷方												借或贷	余额											
月	日				十	亿	千	百	十	万	千	百	十	元	角	分	十	亿	千	百	十	万	千	百	十	元	角	分		十	亿	千	百	十	万	千	百	十	元	角	分
			期初余额																										贷					1	5	6	3	0	0	0	0
12	31		汇1－103号凭证							6	1	3	2	0	0	0						5	0	0	0	0	0	0	贷					1	4	4	9	8	0	0	0

总分类账

科目名称 固定资产清理

2012年		记账凭证号数	摘要	页数	借方											贷方											借或贷	余额										
月	日				十	亿	千	百	十	万	千	百	十	元	角	分	十	亿	千	百	十	万	千	百	十	元	角	分		十	亿	千	百	十	万	千	百	十	元	角	分
			期初余额																										借					3	1	0	0	0	0	0	0
12	31		汇1－103号凭证								1	5	3	0	0	0				2	0	1	5	3	0	0	0	借					1	1	0	0	0	0	0	0

总分类账

科目名称 固定资产减值准备

2012年		记账凭证号数	摘要	页数	借方											贷方											借或贷	余额										
月	日				十	亿	千	百	十	万	千	百	十	元	角	分	十	亿	千	百	十	万	千	百	十	元	角	分		十	亿	千	百	十	万	千	百	十	元	角	分
			期初余额																										贷						3	0	0	0	0	0	0
12	31		汇1－103号凭证							1	5	0	0	0	0	0													贷						1	5	0	0	0	0	0

总分类账

科目名称　无形资产

2012年		记账凭证号数	摘要	页数	借方												贷方												借或贷	余额											
月	日				十	亿	千	百	十	万	千	百	十	元	角	分	十	亿	千	百	十	万	千	百	十	元	角	分		十	亿	千	百	十	万	千	百	十	元	角	分
			期初余额																										借					5	8	7	4	6	2	0	0
12	31		汇1－103号凭证							8	5	0	0	0	0	0													借					6	7	2	4	6	2	0	0

总分类账

科目名称　长期待摊费用

2012年		记账凭证号数	摘要	页数	借方												贷方												借或贷	余额											
月	日				十	亿	千	百	十	万	千	百	十	元	角	分	十	亿	千	百	十	万	千	百	十	元	角	分		十	亿	千	百	十	万	千	百	十	元	角	分
12	31		汇1－103号凭证						2	0	0	0	0	0	0	0													借					2	0	0	0	0	0	0	0

（二）负债类总分类账

总分类账

科目名称 短期借款

2012年		记账凭证号数	摘要	页数	借方												贷方												借或贷	余额											
月	日				十	亿	千	百	十	万	千	百	十	元	角	分	十	亿	千	百	十	万	千	百	十	元	角	分		十	亿	千	百	十	万	千	百	十	元	角	分
			期初余额																										贷				1	4	8	0	0	0	0	0	0
12	31		汇1－103号凭证							2	0	0	0	0	0	0					1	5	0	0	0	0	0	0	贷				1	6	1	0	0	0	0	0	0

总分类账

科目名称 应付票据

2012年		记账凭证号数	摘要	页数	借方												贷方												借或贷	余额											
月	日				十	亿	千	百	十	万	千	百	十	元	角	分	十	亿	千	百	十	万	千	百	十	元	角	分		十	亿	千	百	十	万	千	百	十	元	角	分
			期初余额																										贷					4	9	8	0	0	0	0	0
12	31		汇1－103号凭证																			3	8	1	5	0	0	0	贷					5	3	6	1	5	0	0	0

总分类账

科目名称　应付账款

2012年		记账凭证号数	摘要	页数	借方												贷方												借或贷	余额											
月	日				十	亿	千	百	十	万	千	百	十	元	角	分	十	亿	千	百	十	万	千	百	十	元	角	分		十	亿	千	百	十	万	千	百	十	元	角	分
			期初余额																										贷					5	1	0	0	0	0	0	0
12	31		汇1－103号凭证							6	6	8	0	0	0	0						4	6	8	0	0	0	0	贷					4	9	0	0	0	0	0	0

总分类账

科目名称　预收账款

2012年		记账凭证号数	摘要	页数	借方												贷方												借或贷	余额											
月	日				十	亿	千	百	十	万	千	百	十	元	角	分	十	亿	千	百	十	万	千	百	十	元	角	分		十	亿	千	百	十	万	千	百	十	元	角	分
12	31		汇1－103号凭证							9	0	0	0	0	0	0						9	0	0	0	0	0	0	平										0		

总分类账

科目名称 应付职工薪酬

2012年		记账凭证号数	摘要	页数	借方												贷方												借或贷	余额											
月	日				十	亿	千	百	十	万	千	百	十	元	角	分	十	亿	千	百	十	万	千	百	十	元	角	分		十	亿	千	百	十	万	千	百	十	元	角	分
			期初余额																										贷					1	0	5	6	3	1	2	5
12	31		汇1－103号凭证							4	6	0	0	0	0	0													贷						5	9	6	3	1	2	5

总分类账

科目名称 应交税费

2012年		记账凭证号数	摘要	页数	借方												贷方												借或贷	余额											
月	日				十	亿	千	百	十	万	千	百	十	元	角	分	十	亿	千	百	十	万	千	百	十	元	角	分		十	亿	千	百	十	万	千	百	十	元	角	分
12	31		汇1－103号凭证						3	7	6	3	6	1	0	0					7	4	9	0	1	1	4	8	贷					3	7	2	6	5	0	4	8

总分类账

科目名称　应付利息

2012年		记账凭证号数	摘要	页数	借方												贷方												借或贷	余额											
月	日				十	亿	千	百	十	万	千	百	十	元	角	分	十	亿	千	百	十	万	千	百	十	元	角	分		十	亿	千	百	十	万	千	百	十	元	角	分
			期初余额																										贷					1	4	0	0	0	0	0	0
12	31		汇1－103号凭证							5	8	8	0	0	0	0													贷						8	1	2	0	0	0	0

总分类账

科目名称　应付股利

2012年		记账凭证号数	摘要	页数	借方												贷方												借或贷	余额											
月	日				十	亿	千	百	十	万	千	百	十	元	角	分	十	亿	千	百	十	万	千	百	十	元	角	分		十	亿	千	百	十	万	千	百	十	元	角	分
			期初余额																										贷					3	2	3	4	5	2	7	5
12	31		汇1－103号凭证						1	3	1	5	7	1	1	6													贷					1	9	1	8	8	1	5	9

总分类账

科目名称 其他应付款

2012年		记账凭证号数	摘要	页数	借方												贷方												借或贷	余额											
月	日				十	亿	千	百	十	万	千	百	十	元	角	分	十	亿	千	百	十	万	千	百	十	元	角	分		十	亿	千	百	十	万	千	百	十	元	角	分
			期初余额																										贷						8	0	0	0	0	0	0
12	31		汇1－103号凭证																				3	0	0	0	0	0	贷						8	3	0	0	0	0	0

总分类账

科目名称 长期借款

2012年		记账凭证号数	摘要	页数	借方												贷方												借或贷	余额											
月	日				十	亿	千	百	十	万	千	百	十	元	角	分	十	亿	千	百	十	万	千	百	十	元	角	分		十	亿	千	百	十	万	千	百	十	元	角	分
			期初余额																										贷				1	4	4	6	8	1	8	1	5
12	31		汇1－103号凭证						4	0	0	0	0	0	0	0				1	0	0	0	0	0	0	0	0	贷				2	0	4	6	8	1	8	1	5

总分类账

科目名称 应付债券

2012年 月	日	记账凭证号数	摘要	页数	借方（十亿千百十万千百十元角分）	贷方（十亿千百十万千百十元角分）	借或贷	余额（十亿千百十万千百十元角分）
			期初余额				贷	3142500
12	31		汇1-103号凭证			21597000	贷	24739500

（三）损益类总分类账

总分类账

科目名称 主营业务收入

2012年 月	日	记账凭证号数	摘要	页数	借方（十亿千百十万千百十元角分）	贷方（十亿千百十万千百十元角分）	借或贷	余额（十亿千百十万千百十元角分）
12	31		汇1-103号凭证		206000000	206000000	平	0

总分类账

科目名称 其他业务收入

2012年		记账凭证号数	摘要	页数	借方												贷方												借或贷	余额											
月	日				十	亿	千	百	十	万	千	百	十	元	角	分	十	亿	千	百	十	万	千	百	十	元	角	分		十	亿	千	百	十	万	千	百	十	元	角	分
12	31		汇1－103号凭证							5	5	0	0	0	0	0						5	5	0	0	0	0	0	平										0		

总分类账

科目名称 营业外收入

2012年		记账凭证号数	摘要	页数	借方												贷方												借或贷	余额											
月	日				十	亿	千	百	十	万	千	百	十	元	角	分	十	亿	千	百	十	万	千	百	十	元	角	分		十	亿	千	百	十	万	千	百	十	元	角	分
12	31		汇1－103号凭证								7	2	8	0	0	0							7	2	8	0	0	0	平										0		

总分类账

科目名称　主营业务成本

2012年		记账凭证号数	摘要	页数	借方												贷方												借或贷	余额											
月	日				十	亿	千	百	十	万	千	百	十	元	角	分	十	亿	千	百	十	万	千	百	十	元	角	分		十	亿	千	百	十	万	千	百	十	元	角	分
12	31		汇1－103号凭证					1	2	9	0	0	0	0	0	0				1	2	9	0	0	0	0	0	0	平										0		

总分类账

科目名称　其他业务成本

2012年		记账凭证号数	摘要	页数	借方												贷方												借或贷	余额											
月	日				十	亿	千	百	十	万	千	百	十	元	角	分	十	亿	千	百	十	万	千	百	十	元	角	分		十	亿	千	百	十	万	千	百	十	元	角	分
12	31		汇1－103号凭证									4	0	0	0	0								4	0	0	0	0	平										0		

总分类账

科目名称 销售费用

2012年		记账凭证号数	摘要	页数	借方												贷方												借或贷	余额											
月	日				十	亿	千	百	十	万	千	百	十	元	角	分	十	亿	千	百	十	万	千	百	十	元	角	分		十	亿	千	百	十	万	千	百	十	元	角	分
12	31		汇1－103号凭证						1	3	5	5	0	0	0	0					1	3	5	5	0	0	0	0	平										0		

总分类账

科目名称 管理费用

2012年		记账凭证号数	摘要	页数	借方												贷方												借或贷	余额											
月	日				十	亿	千	百	十	万	千	百	十	元	角	分	十	亿	千	百	十	万	千	百	十	元	角	分		十	亿	千	百	十	万	千	百	十	元	角	分
12	31		汇1－103号凭证							4	5	7	3	1	0	0						4	5	7	3	1	0	0	平										0		

总分类账

科目名称　财务费用

2012年		记账凭证号数	摘要	页数	借方												贷方												借或贷	余额											
月	日				十	亿	千	百	十	万	千	百	十	元	角	分	十	亿	千	百	十	万	千	百	十	元	角	分		十	亿	千	百	十	万	千	百	十	元	角	分
12	31		汇1－103号凭证								3	2	0	0	0	0							3	2	0	0	0	0	平										0		

总分类账

科目名称　营业外支出

2012年		记账凭证号数	摘要	页数	借方												贷方												借或贷	余额											
月	日				十	亿	千	百	十	万	千	百	十	元	角	分	十	亿	千	百	十	万	千	百	十	元	角	分		十	亿	千	百	十	万	千	百	十	元	角	分
12	31		汇1－103号凭证							6	2	8	5	5	0	0						6	2	8	5	5	0	0	平										0		

总分类账

科目名称 营业税金及附加

2012年		记账凭证号数	摘要	页数	借方												贷方												借或贷	余额											
月	日				十	亿	千	百	十	万	千	百	十	元	角	分	十	亿	千	百	十	万	千	百	十	元	角	分		十	亿	千	百	十	万	千	百	十	元	角	分
12	31		汇 1－103 号凭证							2	3	8	2	8	3	0						2	3	8	2	8	3	0	平										0		

总分类账

科目名称 待处理财产损溢

2012年		记账凭证号数	摘要	页数	借方												贷方												借或贷	余额											
月	日				十	亿	千	百	十	万	千	百	十	元	角	分	十	亿	千	百	十	万	千	百	十	元	角	分		十	亿	千	百	十	万	千	百	十	元	角	分
12	31		汇 1－103 号凭证									1	8	0	0	0								1	8	0	0	0	平										0		

总分类账

科目名称 投资收益

2012年		记账凭证号数	摘要	页数	借方												贷方												借或贷	余额											
月	日				十	亿	千	百	十	万	千	百	十	元	角	分	十	亿	千	百	十	万	千	百	十	元	角	分		十	亿	千	百	十	万	千	百	十	元	角	分
12	31		汇1－103号凭证							1	5	2	0	0	0	0						1	5	2	0	0	0	0	平										0		

总分类账

科目名称 所得税费用

2012年		记账凭证号数	摘要	页数	借方												贷方												借或贷	余额											
月	日				十	亿	千	百	十	万	千	百	十	元	角	分	十	亿	千	百	十	万	千	百	十	元	角	分		十	亿	千	百	十	万	千	百	十	元	角	分
12	31		汇1－103号凭证						1	4	6	1	9	0	1	8					1	4	6	1	9	0	1	8	平										0		

(四)所有者权益类总分类账

总分类账

科目名称 实收资本

2012年		记账凭证号数	摘要	页数	借方												贷方												借或贷	余额											
月	日				十	亿	千	百	十	万	千	百	十	元	角	分	十	亿	千	百	十	万	千	百	十	元	角	分		十	亿	千	百	十	万	千	百	十	元	角	分
			期初余额																										贷				5	0	0	0	0	0	0	0	0
12	31		汇1-103号凭证																	3	7	0	0	0	0	0	0	0	贷				8	7	0	0	0	0	0	0	0

总分类账

科目名称 资本公积

2012年		记账凭证号数	摘要	页数	借方												贷方												借或贷	余额											
月	日				十	亿	千	百	十	万	千	百	十	元	角	分	十	亿	千	百	十	万	千	百	十	元	角	分		十	亿	千	百	十	万	千	百	十	元	角	分
			期初余额																										贷					7	4	0	0	0	0	0	0
12	31		汇1-103号凭证						6	5	0	0	0	0	0	0				4	0	2	1	4	0	0	0	0	贷				4	1	0	9	4	0	0	0	0

总分类账

科目名称 本年利润

2012年		记账凭证号数	摘要	页数	借方												贷方												借或贷	余额											
月	日				十	亿	千	百	十	万	千	百	十	元	角	分	十	亿	千	百	十	万	千	百	十	元	角	分		十	亿	千	百	十	万	千	百	十	元	角	分
12	31		汇1－103号凭证					2	1	3	7	4	8	0	0	0				2	1	3	7	4	8	0	0	0	贷										0		

总分类账

科目名称 盈余公积

2012年		记账凭证号数	摘要	页数	借方												贷方												借或贷	余额											
月	日				十	亿	千	百	十	万	千	百	十	元	角	分	十	亿	千	百	十	万	千	百	十	元	角	分		十	亿	千	百	十	万	千	百	十	元	角	分
			期初余额																										贷					3	4	6	2	5	0	0	0
12	31		汇1－103号凭证																			4	3	8	5	7	0	5	贷					3	9	0	1	0	7	0	5

总分类账

科目名称 利润分配

2012年		记账凭证号数	摘要	页数	借方												贷方												借或贷	余额											
月	日				十	亿	千	百	十	万	千	百	十	元	角	分	十	亿	千	百	十	万	千	百	十	元	角	分		十	亿	千	百	十	万	千	百	十	元	角	分
			期初余额																										贷					4	5	3	3	1	1	0	0
12	31		汇1－103号凭证							8	7	7	1	4	1	0					4	8	2	4	2	7	5	7	贷					8	4	8	0	2	4	4	7

三、试算平衡表

试算平衡表

2012年12月31日(结转收支后) 单位：元

账户名称	借方余额	贷方余额
库存现金	10 203.65	
银行存款	10 393 088.84	
交易性金融资产	589 300	
应收账款	519 200	
应收票据	811 200	
应收股利	2 000	
预付账款	213 000	
其他应收款	286 659.25	
原材料	1 153 708	
库存商品	254 000	
周转材料	402 123	

（续表）

账户名称	借方余额	贷方余额
持有至到期投资	279 000	
可供出售金融资产	530 000	
长期股权投资	159 700	
投资性房地产	354 000	
投资性房地产累计折旧		10 000
投资性房地产减值准备		15 000
固定资产	3 011 593. 25	
累计折旧		144 980
固定资产清理	110 000	
固定资产减值准备		15 000
无形资产	672 462	
长期待摊费用	200 000	
短期借款		1 610 000
应付票据		536 150
应付账款		490 000
应交税费		372 650. 48
应付职工薪酬		59 631. 25
应付利息		81 200
应付股利		191 881. 59
其他应付款		83 000
长期借款		2 046 818. 15
应付债券		247 395
实收资本		8 700 000
资本公积		4 109 400
盈余公积		390 107. 05
未分配利润		848 024. 47
合计	19 951 237. 99	19 951 237. 99

第四章　编制资产负债表

一、资产负债表的编制原理

（一）资产负债表的概述

资产负债表的概述如图 4－1 所示。

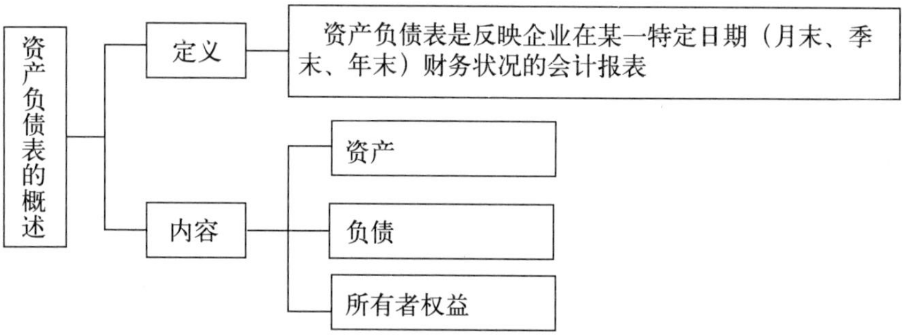

图 4－1　资产负债表的概述

（二）资产负债表的基本结构

资产负债表的基本结构如表 4－1 所示。

表 4－1　资产负债表的基本结构

基本结构	具体说明
表头	表头部分包括报表名称、编制单位、报表编号、编报日期和货币计量单位等内容
	本报表的名称是资产负债表；编制单位是北京鑫顺股份有限公司；由于资产负债表是一张静态的会计报表，反映的是企业在某一时点的财务状况，所以要注明日期，在我国一般编制的日期是 12 月 31 日；货币计量单位是元，若是以外币为记账本位币的，则需要折合为人民币反映资产负债表；报表的编号企业可以根据管理的需要自行设置
	企业在编制资产负债表时至少编制两年期的期末做比较，通俗地说就是资产负债表的每一个项目都要有年初数和年末数组成。资产负债表的年初数应根据上年资产负债表的期末数栏内的数字填列。如果资产负债表的项目名称、内容有变化，则应根据规定对上一年末资产负债表相关项目的内容、金额进行调整，按照调整后的金额填入当年资产负债表的年初余额栏。期末数根据有关账户记录编制

（续表）

基本结构	具体说明
表身	表身部分填列的是资产负债表的主体内容。资产负债表主要有两种格式：账户式和报告式。本书介绍的是账户式资产负债表，也就是分为左右两边，左右平衡，左边列示资产项目，右边列示负债和所有者权益项目，即资产项目合计等于负债和所有者权益各项目合计
补充资料	有些无法列入会计报表主体中的详细数据、分析资料，可以单独地补充报表进行说明，比如，可利用补充报表的形式来揭示关联方的关系和交易等内容

资产负债表的结构如表 4－2 所示。

表 4－2　资产负债表

编制单位：北京鑫顺股份有限公司　　2012 年 12 月 31 日　　单位：元

资产	年初数	期末数	负债及所有者权益	年初数	期末数
流动资产：			流动负债：		
货币资金	2 421 300.65	10 403 292.49	短期借款	1 480 000.00	1 610 000.00
交易性金融资产	682 300.00	589 300.00	交易性金融负债		
应收票据	232 600.00	811 200.00	应付票据	498 000.00	536 150.00
应收账款	655 200.00	519 200.00	应付账款	510 000.00	490 000.00
预付款项	213 000.00	213 000.00	预收款项		
应收利息			应付职工薪酬	105 631.25	59 631.25
应收股利		2 000.00	应交税费		372 650.48
其他应收款	86 479.25	286 659.25	应付利息	140 000.00	81 200.00
存货	2 634 123.00	1 809 831.00	应付股利	323 452.75	191 881.59
一年内到期的非流动资产			其他应付款	80 000.00	83 000.00
其他流动资产	-	-	一年内到期的非流动负债		
流动资产合计	6 925 002.90	14 634 482.74	其他流动负债		
非流动资产：			流动负债合计	3 137 084.00	3 424 513.32
可供出售金融资产	210 000.00	530 000.00	非流动负债：		
持有至到期投资	300 000.00	279 000.00	长期借款	1 446 818.15	2 046 818.15
长期应收款			应付债券	31 425.00	247 395.00

（续表）

资产	年初数	期末数	负债及所有者权益	年初数	期末数
长期股权投资	200 000.00	159 700.00	长期应付款		
投资性房地产	310 000.00	329 000.00	专项应付款		
固定资产	2 312 423.25	2 851 613.25	预计负债		
在建工程			递延所得税负债		
工程物资			其他非流动负债		
固定资产清理	310 000.00	110 000.00	非流动负债合计	1 478 243.15	2 294 213.15
生产性生物资产			负债合计	4 615 327.15	5 718 726.47
油气资产			所有者权益：		
无形资产	587 462.00	672 462.00	实收资本	5 000 000.00	8 700 000.00
开发支出			资本公积	740 000.00	4 109 400.00
商誉			减：库存股		
长期待摊费用		200 000.00	盈余公积	346 250.00	390 107.05
递延所得税资产			未分配利润	453 311.00	848 024.47
其他非流动资产			所有者权益合计	6 539 561.00	14 047 531.52
非流动资产合计	4 229 885.25	5 131 775.25			
资产总计	11 154 888.15	19 766 257.99	负债和所有者权益总计	11 154 888.15	19 766 257.99

（三）资产负债表的编制方法

在对经济业务进行确认、计量的基础上，取得或编制凭证，登记明细账和总分类账，编制试算平衡表，再进一步加工成会计报表，便于公司的管理层从中获取有用的信息。资产负债表的编制方法如表4－3所示。

表4－3　资产负债表的编制方法

方法	具体说明
根据总账余额填列	根据总账余额填列就是直接将总账中的余额填列进资产负债表的相关项目，如“应收票据”“短期借款”“实收资本”等
	在本例中，“应收票据”的账户金额为811 200元，“短期借款”的账户金额为1 610 000元，“实收资本”的账户金额为8 700 000元，相应的资产负债表项目就可以直接根据总账期末余额填列

（续表）

方法	具体说明
根据若干总账余额计算填列	根据若干总账余额计算填列就是集中反映某类会计信息，将分散在若干账户中的数据加总后填列在资产负债表的一个项目中，例如，“固定资产”项目根据“固定资产”账户期末余额减去“累计折旧”和“固定资产减值准备”账户期末余额后差额填列
	在本例中，试算平衡表中“固定资产”期末余额为3 011 593.25元，“累计折旧”期末余额为144 980元，“固定资产减值准备”期末余额为15 000元。所以本例中，“固定资产”项目金额=3 011 593.25－144 980－15 000=2 851 613.25(元)
根据总账所属明细账的余额方向分析填列	根据总账所属明细账的余额方向分析填列就是为了更准确地报告企业的财务状况，对具有双重性质内容的总账内容进行分析，根据所属明细账的余额方向具体内容的性质进行分别填列
	资产负债表该类主要项目是具有双重性质的往来账户，例如，“应收账款”“预收账款”项目，应当根据“应收账款”和“预收账款”两个总账的明细账户余额方向分析填列，将其中有借方余额的明细账余额加计起来，再减去“坏账准备”项目中有关应收账款计提的坏账准备期末余额后的金额填列在“应收账款”项目；而将其中具有贷方余额的明细账余额加计起来填列在“预收账款”项目
根据账户余额内容分析填列	根据账户余额内容分析填列就是为了更准确地反映资产、负债的流动性，对相关非流动资产、非流动负债账户的余额进行分析，将其中符合流动资产或流动负债的部分分离出来单独报告
	常见的项目有“一年内到期的非流动资产”“持有至到期投资”“一年内到期的非流动负债”“长期借款”等。例如，“一年内到期的非流动资产”项目就是根据各非流动资产账户的内容分析后将其中一年内到期的部分加计后单独填列在该项目；将“持有至到期投资”账户中有一年内到期收回的部分扣除后的剩余金额填列在“持有至到期投资”项目

二、资产类项目的编制

（一）资产的概述

资产的概述如图4－2所示。

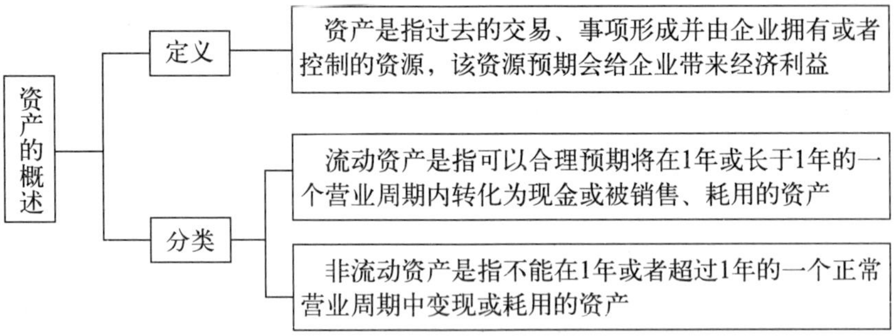

图 4－2　资产的概述

(二)流动资产项目

流动资产项目如表 4－4 所示。

表 4－4　流动资产项目

项目	具体说明
货币资金	反映企业库存现金、银行结算户存款、外埠存款、银行汇票存款、银行本票存款、信用卡存款、信用证保证金存款等的合计数
	本项目应根据“库存现金”“银行存款”“其他货币资金”科目期末余额的合计数填列，“其他货币资金”包括外埠存款、银行汇票存款、信用卡存款、信用证保证金存款等
	在本例中，“库存现金”期末余额为 32 645.65 元，“银行存款”为 10 370 646.84 元，“其他货币资金”为 0 元，所以本例的资产负债表“货币资金”项目金额 = 32 645.65 + 10 370 646.84 = 10 403 292.49(元)
交易性金融资产	反映企业持有的以公允价值计量且其变动计入当期损益的为交易目的所持有的债券投资、股票投资、基金投资、权证投资等金融资产
	本项目应当根据“交易性金融资产”科目的期末余额填列
	在本例中，“交易性金融资产”科目的期末余额为 589 300 元，因此资产负债表对应项目填列 589 300 元
应收票据	反映企业因销售商品、提供劳务等而收到的商业汇票，包括银行承兑汇票和商业承兑汇票
	本项目应根据“应收票据”科目的期末余额，减去“坏账准备”科目中有关应收票据计提的坏账准备期末余额后的金额填列
	在本例中，“应收票据”科目的期末余额为 811 200 元，所以资产负债表的“应收票据”项目填列 811 200 元
应收账款	反映企业因销售商品、提供劳务等经营活动应收取的款项
	本项目应根据“应收账款”和“预收账款”科目所属各明细科目的期末借方余额合计减去“坏账准备”科目中有关应收账款计提的坏账准备期末余额后的金额填列；如“应收账款”科目所属明细科目期末有贷方余额的，应在资产负债表“预收款项”项目内填列
	在本例中，“应收账款”期末借方余额为 519 200 元，没有涉及到坏账准备，所以资产负债表中“应收账款”项目的金额为 519 200 元

（续表）

项目	具体说明
预付款项	反映企业按照购货合同规定预付给供应单位的款项等
	本项目应根据“预付账款”和“应付账款”科目所属各明细科目的期末借方余额合计数，减去“坏账准备”科目中有关预付款项计提的坏账准备期末余额后的金额填列；如“预付账款”科目所属明细科目期末有贷方余额的，应在资产负债表的“应付账款”项目内填列
	在本例中，“预付账款”各明细科目没有贷方余额，“应付账款”各明细科目也没有借方余额，所以“预付账款”项目的余额为213 000元
应收利息	反映企业应收取的债券投资等的利息
	本项目应根据“应收利息”科目的期末余额，减去“坏账准备”科目中有关应收利息计提的坏账准备期末余额后的金额填列
	在本例中，“应收利息”科目的期末没有余额，所以在“应收利息”项目填列为0
应收股利	反映企业应收取的现金股利和应收取其他单位分配的利润
	本项目应根据“应收股利”科目的期末余额，减去“坏账准备”科目中有关应收股利计提的坏账准备期末余额后的金额填列
	在本例中，“应收股利”科目期末余额为2 000元，没有对应收股利计提坏账准备，所以“应收股利”项目应填列2 000元
其他应收款	反映企业除应收票据、应收账款、预付账款、应收股利、应收利息等经营活动以外的其他各种应收、暂付的款项
	本项目应根据“其他应收款”科目的期末余额，减去“坏账准备”科目中有关其他应收款计提的坏账准备期末余额后的金额填列
	在本例中，“其他应收款”科目的期末余额为286 659. 25元，没有对其他应收款计提坏账准备，所以“其他应收款”项目应填列286 659. 25元
存货	反映企业期末在库、在途和在加工中的各种存货的可变现净值；存货包括各种材料、商品、在产品、半成品、包装物、低值易耗品、委托代销商品等
	本项目应根据“材料采购”“原材料”“低值易耗品”“库存商品”“周转材料”“委托加工物资”“委托代销商品”“生产成本”等科目的期末余额合计，减去“代销商品款”“存货跌价准备”科目的期末余额后的金额填列
	在本例中，“原材料”账户的期末余额为1 153 708元，“周转材料”账户的期末余额为402 123元，“库存商品”账户的期末余额为254 000元，其他相关账户的期末余额为0，所以“存货”项目的金额 = 1 153 708 + 402 123 + 254 000 = 1 809 831（元）
一年内到期的非流动资产	反映企业将于一年内到期的非流动资产项目金额
	本项目应根据有关科目的期末余额填列
	在本例中，没有涉及到一年内到期的非流动资产，因此填0，或者不填

（续表）

项目	具体说明
其他流动资产	反映企业除货币资金、交易性金融资产、应收票据、应收账款、存货等流动资产以外的其他流动资产
	本项目应根据有关科目的期末余额填列
	在本例中，没有涉及到其他流动资产，因此填0，或者不填
流动资产合计	本项目根据上述流动资产项目的金额相加得到，在本例中为14 634 482.74元

（三）非流动资产项目

非流动资产项目如表4－5所示。

表4－5 非流动资产项目

项目	具体说明
可供出售金融资产	反映企业持有的以公允价值计量的可供出售的股票投资、债券投资等金融资产
	本项目应根据“可供出售金融资产”科目的期末余额，减去“可供出售金融资产减值准备”科目期末余额后的金额填列
	在本例中，“可供出售金融资产”期末余额为530 000元，没有计提可供出售金融资产减值准备，所以该项目应填列530 000元
持有至到期投资	反映企业持有的以摊余成本计量的持有至到期投资
	本项目应根据“持有至到期投资”科目的期末余额，减去1年内到期部分，再减去“持有至到期投资减值准备”科目的期末余额后的金额填列
	在本例中，“持有至到期投资”科目的期末余额为279 000元，没有1年内到期部分和持有至到期投资减值准备，所以该项目应填列279 000元
长期应收款	反映企业融资租赁产生的应收款项、采用递延方式具有融资性质的销售商品和提供劳务等产生的长期应收款项等
	本项目应根据“长期应收款”科目的期末余额，减去相应的“未实现融资收益”科目和“坏账准备”科目所属相关明细科目期末余额后的金额填列
	在本例中，没有涉及到长期应收款，因此填0，或者不填
长期股权投资	反映企业持有的对于公司、联营企业和合营企业的长期股权投资
	本项目应根据“长期股权投资”科目的期末余额，减去“长期股权投资减值准备”科目的期末余额后的金额填列
	在本例中，“长期股权投资”账户的期末余额为159 700元，没有计提长期股权投资减值准备，因此该项目应填列159 700元

（续表）

项目	具体说明
投资性房地产	反映企业持有的投资性房地产
	本项目应根据企业采用的是成本模式计量投资性房地产还是公允模式计量投资性房地产：采用成本模式的应根据“投资性房地产”科目的期末余额，减去“投资性房地产累计折旧（摊销）”和“投资性房地产减值准备”科目的期末余额后的金额填列
	在本例中，“投资性房地产”科目的期末余额为354 000元，“投资性房地产累计折旧”科目的期末余额为10 000元，“投资性房地产减值准备”科目的期末余额为15 000元，所以该项目应填列329 000元（354 000 - 10 000 - 15 000）
固定资产	反映企业各种固定资产原价减去累计折旧和累计减值准备后的净额
	本项目应根据“固定资产”科目的期末余额，减去“累计折旧”和“固定资产减值准备”科目的期末余额后的金额填列
	在本例中，“固定资产”科目的期末余额为3 011 593. 25元，没有融资租入固定资产，“累计折旧”科目的期末余额为144 980元，“固定资产减值准备”科目的期末余额为15 000元，所以“固定资产”应填列2 851 613. 25元（3 011 593. 25 - 144 980 - 15 000）（不能只按固定资产科目的期末余额填列）
在建工程	反映企业期末各项未完工程的实际支出，包括交付安装的设备价值、未完建筑安装工程已经耗用的材料、工资和费用支出、预付出包工程的价款等的可收回金额
	本项目应根据“在建工程”科目的期末余额，减去“在建工程减值准备”科目的期末余额后的金额填列
	在本例中，没有涉及到“在建工程”科目，因此填0，或者不填
工程物资	反映企业尚未使用的各项工程物资的实际成本
	本项目应根据“工程物资”科目的期末余额填列
	在本例中，没有涉及到“工程物资”科目，因此填0，或者不填
固定资产清理	反映企业因出售、毁损、报废等原因转入清理但尚未清理完毕的固定资产的净值，以及固定资产清理过程中所发生的清理费用和变现收入等各项金额的差额
	本项目应根据“固定资产清理”科目的期末借方余额填列，如“固定资产清理”科目期末为贷方余额，以“ - ”号填列
	在本例中“固定资产清理”科目的期末余额为110 000元，因此，“固定资产清理”项目应填列110 000元
生产性生物资产	反映企业持有的生产性生物资产
	本项目应根据“生产性生物资产”科目的期末余额，减去“生产性生物资产累计折旧”和“生物性生物资产减值准备”科目的期末余额后的金额填列
	在本例中，没有涉及到“生物性生产资产”科目，因此填0，或者不填

（续表）

项目	具体说明
油气资产	反映企业持有的矿区权益和油气井及相关设施的原价减去累计折耗和累计减值准备后的净额
	本项目应根据“油气资产”科目的期末余额，减去“累计折耗”科目的余额和相应减值准备后的金额填列
	在本例中，没有涉及到“油气资产”科目，因此填0，或者不填
无形资产	反映企业持有的无形资产，包括专利权、非专利技术、商标权、著作权、土地使用权等
	本项目应根据“无形资产”科目的期末余额，减去“累计摊销”和“无形资产减值准备”科目的期末余额后的金额填列
	在本例中，“无形资产”科目的期末余额为672 462元，没有涉及到“累计摊销”和“无形资产减值准备”科目，所以“无形资产”项目应填列672 462元
开发支出	反映企业开发无形资产过程中能够资本化形成无形资产成本的支出部分
	本项目应当根据“开发支出”科目中所属的“资本化支出”明细科目的期末余额填列
	在本例中，没有涉及到“开发支出”科目，因此填0，或者不填
商誉	反映企业合并中形成的商誉价值
	本项目应根据“商誉”科目的期末余额，减去相应减值准备后的金额填列
	在本例中，没有涉及到“商誉”科目，因此填0，或者不填
长期待摊费用	反映企业已经发生但应由本期和以后各期负担的分摊期限在1年以上的各项费用
	长期待摊费用中在1年内(含1年)摊销的部分，在资产负债表“1年内到期的非流动资产”项目填列
	本项目应根据“长期待摊费用”科目的期末余额减去将于1年内(含1年)摊销的数额后的金额填列
	在本例中，“长期待摊费用”科目的期末余额为200 000元，因此，“长期待摊费用”项目应填列200 000元
递延所得税资产	反映企业确认的可抵扣暂时性差异产生的递延所得税资产
	本项目应根据“递延所得税资产”科目的期末余额填列
	在本例中，没有涉及到“递延所得税资产”科目，因此填0，或者不填
其他非流动资产	反映企业除长期股权投资、固定资产、在建工程、工程物资、无形资产等以外的其他非流动资产
	本项目应根据有关科目的期末余额填列
	在本例中，没有涉及到“其他非流动资产”科目，因此填0，或者不填
非流动资产合计	根据各非流动资产项目相加即得，本例为5 131 775.25元

（四）资产的合计

资产的合计如表 4－6 所示。

表 4－6　资产的合计

项目	具体说明
资产的合计	本项目是“流动资产”和“非流动流动”两项目金额之和，即等于“流动资产合计”和“非流动资产合计”这两个项目之和
	在本例中，应填列 19 766 257.99 元（14 634 482.74＋5 131 775.25）

三、负债类项目的编制

（一）负债的概述

负债的概述如图 4－3 所示。

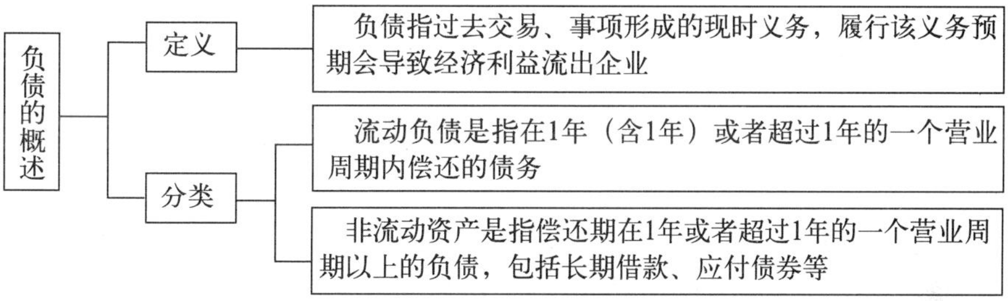

图 4－3　负债的概述

（二）流动负债项目

流动负债项目如表 4－7 所示。

表 4－7　流动负债项目

项目	具体说明
短期借款	反映企业向银行或其他金融机构等借入的期限在 1 年以下（含 1 年）的各种借款
	本项目应根据“短期借款”科目的期末余额填列
	在本例中，“短期借款”科目的贷方余额为 1 610 000 元，因此“短期借款”项目应填列 1 610 000 元
交易性金融负债	反映企业承担的以公允价值计量且其变动计入当期损益的、为交易目的所持有的金融负债
	本项目应根据“交易性金融负债”科目的期末余额填列
	在本例中，没有涉及到“交易性金融负债”科目，因此填 0，或者不填

（续表）

项目	具体说明
应付票据	反映企业因购买材料、商品和接受劳务供应等而开出、承兑的商业汇票，包括银行承兑汇票和商业承兑汇票
	本项目应根据“应付票据”科目的期末余额填列
	在本例中，“应付票据”科目的期末贷方余额为536 150元，因此，该项目应填列536 150元
应付账款	反映企业因购买材料、商品和接受劳务供应等经营活动应支付的款项
	本项目应根据“应付账款”和“预付账款”科目所属各明细科目的期末贷方余额合计数填列；如“应付账款”科目所属明细科目期末有借方余额的，应在资产负债表“预付款项”项目内填列
	在本例中，“应付账款”科目的期末贷方余额为490 000元，因此，“应付账款”项目应填列490 000元
预收款项	反映企业按照购销合同规定预收购货单位的款项
	本项目应根据“预收账款”和“应收账款”科目所属各明细科目的期末贷方余额合计数填列；如“预收账款”科目所属明细科目期末有借方余额的，应在资产负债表“应收账款”项目内填列
	在本例中，“预收账款”各明细科目期末贷方余额为0，所以“预收账款”项目应填0或者不填
应付职工薪酬	反映企业根据有关规定应付给职工的工资、职工福利、社会保险费、住房公积金、工会经费、职工教育经费、非货币性福利、辞退福利等各种薪酬
	本项目应根据“应付职工薪酬”科目的期末贷方余额填列。如“应付职工薪酬”科目的期末为借方余额，以“－”号填列
	在本例中，“应付职工薪酬”各明细科目的期末贷方余额相加为59 631.25元(45 631.25＋6 600＋7 400)，因此，“应付职工薪酬”项目应填列59 631.25元
应交税费	反映企业按照税法规定计算应交纳的各种税费，包括增值税、消费税、营业税、所得税、资源税、土地增值税、城市维护建设税、房产税、土地使用税、车船税、教育费附加、矿产资源补偿费等
	企业代扣代交的个人所得税，也通过本项目列示；企业所交纳的税金不需要预计应交数的，如印花税、耕地占用税等，不在本项目列示；本项目应根据“应交税费”科目的期末贷方余额填列；如“应交税费”科目期末为借方余额，应以“－”号填列
	在本例中，“应交税费”各明细科目期末贷方余额为372 650.48元，因此，“应交税费”项目应填列372 650.48元

（续表）

项目	具体说明
应付利息	反映企业按照规定应当支付的利息，包括分期付息到期还本的长期借款应支付的利息、企业发行的企业债券应支付的利息等
	本项目应根据“应付利息”科目的期末余额填列
	在本例中，“应付利息”科目的期末贷方余额为 81 200 元，因此，“应付利息”项目应填列 81 200 元
应付股利	反映企业分配的现金股利或利润
	企业分配的股票股利，不通过本项目列示；本项目应根据“应付股利”科目的期末余额填列
	在本例中，“应付股利”科目的期末贷方余额为 191 881.59 元，因此，“应付股利”项目应填列 191 881.59 元
其他应付款	反映企业除应付票据、应付账款、预收款项、应付职工薪酬、应付股利、应付利息、应交税费等经营活动以外的其他各项应付、暂收的款项
	本项目应根据“其他应付款”科目的期末余额填列
	在本例中，“其他应付款”科目的期末贷方余额为 83 000 元，因此，“其他应付款”项目应填列 83 000 元
一年内到期的非流动负债	反映企业非流动负债中将于资产负债表日后 1 年内到期部分的金额，如将于 1 年内偿还的长期借款
	本项目应根据有关科目的期末余额填列
	在本例中，没有涉及到“一年到期的非流动负债”科目，因此填 0，或者不填
其他流动负债	反映企业除短期借款、交易性金融负债、应付票据、应付账款、应付职工薪酬、应交税费等流动负债以外的其他流动负债
	本项目应根据有关科目的期末余额填列
	在本例中，没有涉及到“其他流动负债”科目，因此填 0，或者不填
流动负债合计	“流动负债合计”项目是以上流动负债项目的金额合计
	在本例中，“流动负债合计”项目应填列 3 424 513.32 元

（三）非流动负债项目

非流动负债项目如表 4 – 8 所示。

表 4－8 非流动负债项目

项目	具体说明
长期借款	反映企业向银行或其他金融机构借入的期限在 1 年以上(不含 1 年)的各项借款
	本项目应根据“长期借款”科目的期末余额填列
	在本例中，“长期借款”科目的贷方余额为 2 046 818.15 元，因此“长期借款”项目应填列 2 046 818.15 元
应付债券	反映企业为筹集长期资金而发行的债券本金和利息
	本项目应根据“应付债券”科目的期末余额填列
	在本例中，“应付债券”科目的贷方余额为 247 395 元，因此，“应付债券”项目应填列 247 395 元
长期应付款	反映企业除长期借款和应付债券以外的其他各种长期应付款
	本项目应根据“长期应付款”科目的期末余额，减去相应的“未确认融资费用”科目的期末余额后的金额填列
	在本例中，没有涉及到“长期应付款”科目，因此填 0，或者不填
专项应付款	反映企业取得政府作为企业所有者投入的具有专项或特定用途的款项
	本项目应根据“专项应付款”科目的期末余额填列
	在本例中，没有涉及到“专项应付款”科目，因此填 0，或者不填
预计负债	反映企业确认的对外提供担保、未决诉讼、产品质量保证、重组义务、亏损性合同等预计负债
	本项目应根据“预计负债”科目的期末余额填列
	在本例中，没有涉及到“预计负债”科目，因此填 0，或者不填
递延所得税负债	反映企业确认的应纳税暂时性差异产生的所得税负债
	本项目应根据“递延所得税负债”科目的期末余额填列
	在本例中，没有涉及到“递延所得税负债”科目，因此填 0，或者不填
其他非流动负债	反映企业除长期借款、应付债券等项目以外的其他非流动负债
	其他非流动负债项目应根据有关科目期末余额减去将于 1 年内(含 1 年)到期偿还数后的余额填列；非流动负债各项目中将于 1 年内(含 1 年)到期的非流动负债，应在“1 年内到期的非流动负债”项目内单独反映
	在本例中，没有涉及到其他非流动负债，因此填 0，或者不填
非流动负债合计	“非流动负债合计”项目是长期负债各项目金额之和
	在本例中，“非流动负债合计”项目应填列 2 294 213.15 元

（四）负债的合计

负债的合计如表4－9所示。

表4－9　负债的合计

项目	具体说明
负债合计	本项目是“流动负债”和“非流动负债”各项目金额之和，即等于“流动负债合计”和“非流动负债合计”这两个项目之和
	在本例中，应填列5 718 726.47元(3 424 513.32＋2 294 213.15)

四、所有者权益项目的编制

所有者权益项目的编制如表4－10所示。

表4－10　所有者权益项目的编制

项目	具体说明
实收资本（或股本）	反映企业各投资者实际投入的资本（或股本）总额
	本项目应根据“实收资本（或股本）”科目的期末余额填列
	在本例中，“实收资本”科目的期末贷方余额为8 700 000元，因此，“实收资本”项目应填列8 700 000元
资本公积	反映企业资本公积的期末余额
	本项目应根据“资本公积”科目的期末余额填列
	在本例中，“资本公积——资本（股本）溢价”科目的期末贷方余额为4 090 000元，“资本公积——其他资本公积”科目的期末贷方余额为19 400元，因此，“资本公积”项目应填列4 109 400元
库存股	反映企业持有尚未转让或注销的本公司股份金额
	本项目应根据“库存股”科目的期末余额填列
	在本例中，没有涉及到“库存股”科目，因此填0，或者不填
盈余公积	反映企业盈余公积的期末余额
	本项目应根据“盈余公积”科目的期末余额填列
	在本例中，“盈余公积”科目的期末贷方余额为390 107.05元，因此，“盈余公积”项目应填列390 107.05元
未分配利润	反映企业尚未分配的利润
	本项目应根据“本年利润”科目和“利润分配”科目的余额计算填列。未弥补的亏损在本项目内以“－”号填列
	在本例中，“未分配利润”科目的期末贷方余额为848 024.47元，因此，“未分配利润”项目应填列848 024.47元

（续表）

项目	具体说明
所有者权益合计	“所有者权益合计”项目是所有者权益各项目金额之和
	在本例中，“所有者权益合计”项目应填列 14 047 531.52 元
负债和所有者权益总计	本项目是所有负债项目和所有者权益项目金额之和，即等于“负债合计”和“所有者权益总计”这两个项目之和，根据复式记账原理，还等于“资产总计”项目的金额
	在本例中，“负债和所有者权益总计”项目应填列 19 766 257.99 元

第五章　编制利润表

一、利润表的基本结构

利润表是反映企业在一定会计期间经营成果的会计报表。利润表的基本结构如表 5－1 所示。

表 5－1　利润表的基本结构

基本结构	具体说明
表首	包括报表的名称、编制单位、编报日期、计量单位和报表编号等内容
	在本例中，报表的名称为利润表；编制单位为北京鑫顺股份有限公司；报表反映日期为 2012 年 12 月；单位金额为元（如使用的是外币，需折合为人民币）；报表编号可以根据企业的需要设置
表身	营业收入，反映企业经营主要业务和其他业务所确认的收入总额，包括“主营业务收入”科目和“其他业务收入”科目
	营业利润，是指营业收入减去营业成本、营业税金及附加、销售费用、管理费用、财务费用、资产减值损失，加上公允价值变动净收益和投资净收益
	利润总额，是指营业利润加上营业外收入减去营业外支出后的金额
	净利润，是指利润总额减去所得税后的金额
	每股收益，包括基本每股收益和稀释每股收益
补充资料部分	主要列示那些影响本期财务报表金额或未来经营活动，以及有助于报表使用者准确地分析企业经营成果的事项等，而在本期利润表中无法或不便于表达，均列于报表的补充资料进行揭示
	多步式利润表对项目进行详细分类，分步骤反映利润总额的形成情况，层次清楚，有利于企业前后各期报表及不同企业间报表的对比，以便于分析企业的盈利水平，评估企业的管理绩效，并据以找出利润增加或减少的原因，企业经营者可相应采取措施，提高企业经济效益

利润表如表5－2所示。

表5－2 利润表

编制单位：北京鑫顺股份有限公司 2012年12月 单位：元

项目	本月数	本年累计数
一、营业收入	2 115 000	
减：营业成本	1 290 400	
营业税金及附加	23 828.30	
销售费用	135 500	
管理费用	41 731.00	
财务费用	－1 595.00	
资产减值损失		
加：公允价值变动收益（损失以"－"号填列）	2 000	
投资收益（损失以"－"号填列）	13 200	
其中：对联营企业和合营企业的投资收益		
二、营业利润（亏损以"－"号填列）	640 335.70	
加：营业外收入	7 280	
减：营业外支出	62 855	
其中：非流动资产处置损失	1 455	
三、利润总额（亏损总额以"－"号填列）	584 760.70	
减：所得税费用	146 190.18	
四、净利润（净亏损以"－"号填列）	438 570.52	
五、每股收益		
（一）基本每股收益		
（二）稀释每股收益		
六、综合收益		
（一）其他综合收益		
（二）综合收益总额		

二、利润表的编制方法

（一）营业利润

营业利润＝营业收入－营业成本－营业税金及附加－销售费用－管理费用－财务费用－资产减值损失＋公允价值变动损益－公允价值变动损失＋投资收益－投资损失

营业利润的计算如表5－3所示。

表 5－3 营业利润的计算

项目	具体说明
营业收入	反映企业经营主要业务和其他业务所确认的收入总额
	本项目应根据“主营业务收入”和“其他业务收入”科目的发生额分析填列
	在本例中，结转之前的“主营业务收入”科目的余额是 2 060 000 元，“其他业务收入”科目的余额是 55 000 元，两者相加得 2 115 000 元，因此，“营业收入”项目应填列 2 115 000 元
营业成本	反映企业经营主要业务和其他业务所发生的成本总额
	本项目应根据“主营业务成本”和“其他业务成本”科目的发生额分析填列；主营业务成本和其他业务成本反映企业经营发生的实际成本，应根据科目结转之前的余额填列
	在本例中，结转之前的“主营业务成本”科目的余额是 1 290 000 元，“其他业务成本”科目的余额是 400 元，两者相加得 1 290 400 元，因此，“营业成本”项目应填列 1 290 400 元
营业税金及附加	反映企业经营业务应负担的消费税、营业税、城市维护建设税、资源税、土地增值税和教育费附加等
	本项目应根据“营业税金及附加”科目的发生额分析填列
	在本例中，结转之前的“营业税金及附加”科目的余额是 23 828. 30 元，因此，“营业税金及附加”项目应填列 23 828. 30 元
销售费用	反映企业在销售商品过程中发生的包装费、广告费等费用和为销售本企业商品而专设的销售机构的职工薪酬、业务费等经营费用
	本项目应根据“销售费用”科目的发生额分析填列
	在本例中，结转之前的“销售费用”科目的余额是 135 500 元，因此，“销售费用”项目应填列 135 500 元
管理费用	反映企业为组织和管理生产经营发生的管理费用，包括企业的董事会和行政管理部门在企业的经营管理中发生的，或者应当由企业统一负担的公司经费、董事会费、聘请中介机构费、咨询费、诉讼费、业务招待费、房产税、车船税、土地使用税、印花税、技术转让费、矿产资源补偿费、无形资产摊销、费用化的研究与开发费、排污费、存货盘亏或盘盈（不包括应计入营业外支出的存货损失）
	本项目应根据“管理费用”科目的发生额分析填列
	在本例中，结转之前的“管理费用”科目的余额是 41 731 元，因此，“管理费用”项目应填列 41 731 元
财务费用	反映企业筹集生产经营所需资金等而发生的筹资费用，包括应当作为期间费用的利息支出（减利息收入）、汇兑损失（减汇兑收益）以及相关的手续费等
	本项目应根据“财务费用”科目的发生额分析填列
	在本例中，结转之前的“财务费用”科目的余额是 －1 595 元，因此，“财务费用”项目应填列 1 595 元

（续表）

项目	具体说明
资产减值损失	反映企业各项资产发生的减值损失
	本项目应根据“资产减值损失”科目的发生额分析填列
	在本例中，没有涉及到“资产减值损失”科目，因此填0，或者不填
公允价值变动收益	反映企业应当计入当期损益的资产或负债公允价值变动收益
	本项目应根据“公允价值变动损益”科目的发生额分析填列。如为净损失，本项目以“-”号填列
	在本例中，结转之前的“公允价值变动损益”科目的余额是2 000元，因此，“公允价值变动损益”项目应填列2 000元
投资收益	反映企业以各种方式对外投资所取得的收益
	本项目应根据“投资收益”科目的发生额分析填列。如为投资损失，本项目以“-”号填列
	在本例中，结转之前的“投资收益”科目的余额是13 200元，因此，“投资收益”项目应填列13 200元
营业利润	反映企业实现的营业利润
	如为亏损，本项目以“-”号填列
	本例中，营业利润应填列640 335.70元[2 115 000 - 1 290 400 - 23 828.30 - 135 500 - 41 731 - (-1 595) + 2 000 + 13 200]

(二)利润总额

利润总额 = 营业利润 + 营业外收入 - 营业外支出

利润总额的计算如表5-4所示。

表5-4 利润总额的计算

项目	具体说明
营业外收入	反映企业发生的与经营业务无直接关系的各项收入
	本项目应根据“营业外收入”科目的发生额分析填列
	在本例中，结转之前的“营业外收入”科目的余额是7 280元，因此，“营业外收入”项目应填列7 280元
营业外支出	反映企业发生的与经营业务无直接关系的各项支出
	本项目应根据“营业外支出”科目的发生额分析填列
	在本例中，结转之前的“营业外支出”科目的余额是62 855元，因此，“营业外支出”项目应填列62 855元

续表

项目	具体说明
非流动资产处置损失	可以根据“营业外支出”的明细科目分析填列
	在本例中，12 月 17 日处理固定资产净损失为 1 455 元，没有其他非流动资产处理净损失
利润总额	反映企业实现的利润总额
	如为亏损，本项目以“－”号填列
	在本例中，营业利润＋营业外收入－营业外支出＝640 335.70＋7 280－62 855＝584 760.70(元)。因此，“利润总额”项目应填列 584 760.70 元

(三)净利润

净利润＝利润总额－所得税费用

净利润的计算如表 5－5 所示。

表 5－5 净利润的计算

项目	具体说明
所得税费用	反映企业应从当期利润总额中扣除的所得税费用
	本项目应根据“所得税费用”科目的发生额分析填列
	在本例中，结转之前的“所得税费用”科目的余额是 146 190.18 元，因此，“所得税费用”项目应填列 146 190.18 元
净利润	反映企业实现的净利润
	如为亏损，本项目以“－”号填列
	在本例中，利润总额－所得税费用＝584 760.70－146 190.18＝438 570.52(元)。因此“净利润”项目应填列 438 570.52 元

(四)每股收益

每股收益包括“基本每股收益”和“稀释每股收益”项目，也就是每一股在一年内获得的净收益。在本例中没有涉及到。

第六章　编制现金流量表

一、现金流量表的概述

现金流量表的概述如表6－1所示。

表6－1　现金流量表的概述

项目	具体说明
现金流量表	现金流量表是以现金为基础编制的，用以反映企业在一定会计期间现金和现金等价物(以下简称现金)流入和流出情况的会计报表
库存现金	指企业持有可随时用于支付的现金，即与会计核算中“库存现金”账户所包括的内容一致
银行存款	指企业存在银行或其他金融机构，随时可以用于支付的存款，即与会计核算中“银行存款”账户所包括的内容基本一致
其他货币资金	指企业存在银行有特定用途的资金，如外埠存款、银行汇票存款、银行本票存款、信用卡存款、信用保证金、存出投资款等
现金等价物	指企业持有的期限短、流动性强、易于转换为已知金额的现金、价值变动风险很小的投资
现金流量	指某一段时期内企业流入和流出的数量，如企业销售商品、提供劳务、出售固定资产、向银行借款取得现金等形成企业的现金流入
	现金流量信息能够表明企业经营状况是否良好、资金是否紧缺、企业偿付能力大小，从而为投资者、债权人、企业管理者提供非常有用的信息

二、现金流量表的要求和结构

现金流量表的要求和结构如表6－2所示。

表 6－2　现金流量表的要求和结构

项目	具体说明
要求	企业应当根据编制现金流量表的需要，做好有关现金账簿的设置等会计基础工作，有条件的企业还应设置报表所需要的有关辅助账簿
	企业应当就现金等价物的确认标准，做出明确规定并加以披露。如果现金等价物的确认标准有变更，要对其说明，还要对变更确认标准对现金流量的影响程度做出披露
结构	正表，是现金流量表的主体，企业在一定会计期间现金流量的信息主要由正表提供。正表采用报告式的结构，以“现金流入－现金流出＝现金流量净额”为基础，分类反映经营活动产生的现金流量、投资活动产生的现金流量和筹资活动产生的现金流量，最后汇总反映企业现金及现金等价物净增加额
	补充部分，有三方面内容：①将净利润调节为经营活动的现金流量；②不涉及现金收支的投资和筹资活动；③现金及现金等价物净增加情况

三、编制现金流量表的辅助表

2012 年度，北京鑫顺股份有限公司编制现金流量表的辅助表如表 6－3、表 6－4、表 6－5、表 6－6、表 6－7 和表 6－8 所示。

表 6－3　经营活动现金流入辅助日记账

2012 年 12 月

日期	凭证号	摘要	借方科目	贷方科目	销售商品、提供劳务收到的现金	收到的税费返还	收到的其他与经营活动有关的现金	合计
4	8	收到欠款	银行存款	应收账款	20 000			20 000
7	19½	票据贴现	银行存款	应收票据	99 705			99 705
8	21	收到货款	银行存款	应收账款	705 600			705 600
10	24	退回多余款	银行存款	预付账款	1 500			1 500
10	25	报销差旅费	库存现金	其他应收款			500	500
19	54	收到预付款	银行存款	预收账款	90 000			90 000
20	55	收到货款	银行存款	主营业务收入	120 600			120 600
21	62	收到押金	库存现金	其他应付款			3 000	3 000
21	66	销售产品	银行存款	主营业务收入	819 000			819 000
22	68	提供运输劳务	银行存款	其他业务收入	35 000			35 000
22	69	收回租金	银行存款	其他业务收入	20 000			20 000
23	71	收回罚款	库存现金	营业外收入			260	260
26	82	利息收入	银行存款	财务费用			3 200	3 200
		合计			1 911 405		6 960	1 918 365

表 6－4　经营活动现金流出辅助日记账

2012 年 12 月

日期	凭证号	摘要	借方科目	贷方科目	购买商品、接受劳务支付的现金	支付给职工以及为职工支付的现金	支付的各项税费	支付的其他与经营活动有关的现金	合计
2	2	购买办公用品	管理费用	库存现金	900				900
2	4	预支差旅费	其他应收款	库存现金				5 000	5 000
3	5	支付电话费	销售费用	银行存款		4 000			4 000
3	7	支付广告费	销售费用	银行存款				10 000	10 000
4	9	交纳企业所得税	应交税费	银行存款			1 862		1 862
4	10	交纳城建税	应交税费	银行存款			312		312
4	11	交纳教育费附加	应交税费	银行存款			133.71		133.71
4	12	交纳房产税	应交税费	银行存款			3 453.29		3 453.29
5	13	购入原材料	材料采购	其他货币资金	166 725				166 725
7	20	销售乙产品	应收账款	银行存款				3 600	3 600
8	22	支付预付款	预付账款	银行存款	60 000				60 000
10	27	购入原材料	原材料	银行存款	47 700				47 700
11	28	购入原材料	原材料	其他货币资金	59 500				59 500
12	31	购买甲商品	库存商品	银行存款	11 700				11 700
12	34	购入周转材料	周转材料	银行存款	5 850				5 850
19	53	支付货款	应付账款	银行存款	46 800				46 800
20	56	支付培训费	应付职工薪酬	库存现金		2 400			2 400
20	57	支付困难补助	应付职工薪酬	库存现金		3 600			3 600

（续表）

日期	凭证号	摘要	借方科目	贷方科目	购买商品、接受劳务支付的现金	支付给职工以及为职工支付的现金	支付的各项税费	支付的其他与经营活动有关的现金	合计
20	58	支付工资	应付职工薪酬	库存现金		39 640			39 640
20	59	支付差价	原材料	银行存款	35 100				35 100
21	60	预交增值税	应交税费	银行存款			2 630		2 630
21	67	代垫运杂费	应收账款	银行存款				1 000	1 000
24	73	后续服务	其他业务成本	库存现金				400	400
24	74	支付展览费	销售费用	银行存款				120 000	120 000
24	75	支付托运费	销售费用	库存现金				1 000	1 000
24	76	报销工作餐费	销售费用	库存现金				300	300
25	77	支付邮寄费	销售费用	库存现金				200	200
25	78	购买印花税	管理费用	库存现金				500	500
25	79	支付保险费	管理费用	银行存款				5 600	5 600
26	80	结算招待费	管理费用	库存现金				22 442	22 442
26	81	支付宽带服务费	管理费用	银行存款				5 789	5 789
27	83	购买财务用品	财务费用	银行存款				3 000	3 000
27	84	支付银行手续费	财务费用	银行存款				1 310	1 310
27	85	支付环保罚款	营业外支出	银行存款				16 000	16 000
28	86	向希望工程捐款	营业外支出	银行存款				20 000	20 000
28	87	被税务机关罚款	营业外支出	银行存款				2 000	2 000
		合计			434 275	49 640	8 391	218 141	710 447

表 6－5　投资活动现金流入辅助日记账

2012 年 12 月

日期	凭证号	摘要	借方科目	贷方科目	收回投资收到的现金	取得投资收益收到的现金	处置固定资产、无形资产和其他长期资产收回的现金净额	处置子公司及其他营业单位收到的现金净额	收到的其他与投资活动有关的现金	合计
5	$15\frac{2}{2}$	债券到期	银行存款	交易性金融资产	200 000	6 000				206 000
14	38	出售债券	银行存款	可供出售金融资产	21 000	200				21 200
16	40	出售股票	银行存款	长期股权投资	90 000	9 000				99 000
17	$44\frac{2}{3}$	收回残料收入	库存现金	固定资产清理			75			75
		本年合计			311 000	15 200	75			326 275

表 6-6　投资活动现金流出辅助日记账

2012 年 12 月

日期	凭证号	摘要	借方科目	贷方科目	购建固定资产、无形资产和其他长期资产支付的现金	投资支付的现金	取得子公司及其他营业单位收到的现金净额	支付的其他与投资活动有关的现金	合计
3	6	购入固定资产	固定资产	银行存款	30 000			5 100	35 100
5	16	购买股票	交易性金融资产	银行存款		105 000		2 000	107 000
12	36	购买股票	可供出售金融资产	银行存款		300 600			300 600
14	39	购买股票	长期股权投资	银行存款		49 700		2 000	51 700
16	43	购入固定资产	固定资产	银行存款	85 900				85 900
17	45	购买小汽车	固定资产	银行存款	292 500				292 500
17	46	购入一项专利	无形资产	银行存款	85 000				85 000
17	47	租入办公楼	长期待摊费用	银行存款	200 000				200 000
		本年合计			693 400	455 300		9 100	1 157 800

表6－7　筹资活动现金流入辅助日记账

2012年12月

日期	凭证号	摘要	借方科目	贷方科目	吸收投资收到的现金	借款收到的现金	收到的其他与筹资活动有关的现金	合计
17	48	借入短期借款	银行存款	短期借款		150 000		150 000
21	63	借入长期借款	银行存款	长期借款		1 000 000		1 000 000
21	65	发行债券	银行存款	应付债券			215 970	215 970
29	88	收到投资款	银行存款	实收资本	1 000 000			1 000 000
30	90½	收到发行收入	银行存款	实收资本 资本公积	6 000 000			6 000 000
		合计			7 000 000	1 150 000	215 970	8 365 970

表6－8　筹资活动现金流出辅助日记账

2012年12月

日期	凭证号	摘要	借方科目	贷方科目	偿还债务所支付的现金	分配股利、利润或偿付利息支付的现金	支付其他与筹资活动有关的现金	合计
18	49	偿还借款	短期借款	银行存款	20 000			20 000
21	61	支付借款利息	应付利息	银行存款		25 200		25 200
21	64	偿还长期借款	长期借款 应付利息	银行存款	400 000	33 600		433 600
30	90⅔	支付发行费用	资本公积	银行存款			150 000	150 000
31	102	发放现金股利	应付股利	银行存款		131 571.16		131 571.16
		合计			420 000	190 371.16	150 000	760 371.16

四、现金流量表

现金流量表如表6－9所示。

表6－9　现金流量表

编制单位：北京鑫顺股份有限公司　　　　2012年12月　　　　单位：元

项目	本期金额	上期金额(略)
一、经营活动产生的现金流量		
销售商品、提供劳务收到的现金	1 911 405	
收到的税费返还		
收到其他与经营活动有关的现金	6 960	
经营活动现金流入小计	1 918 365	
购买商品、接受劳务支付的现金	434 275	
支付给职工以及为职工支付的现金	49 640	
支付的各项税费	8 391	
支付其他与经营活动有关的现金	218 141	
经营活动现金流出小计	710 447	
经营活动产生的现金流量净额	1 207 918	
二、投资活动产生的现金流量：		
收回投资收到的现金	311 000	
取得投资收益收到的现金	15 200	
处置固定资产、无形资产和其他长期资产收回的现金净额	75	
处置子公司及其他营业单位收到的现金净额	0	
收到其他与投资活动有关的现金	0	
投资活动现金流入小计	326 275	
购建固定资产、无形资产和其他长期资产支付的现金	693 400	
投资支付的现金	455 300	
取得子公司及其他营业单位支付的现金净额	0	
支付其他与投资活动有关的现金	9 100	
投资活动现金流出小计	1 157 800	
投资活动产生的现金流量净额	－831 525	
三、筹资活动产生的现金流量		
吸收投资收到的现金	7 000 000	
取得借款收到的现金	1 150 000	
收到其他与筹资活动有关的现金	215 970	
筹资活动现金流入小计	8 365 970	
偿还债务支付的现金	420 000	
分配股利、利润或偿付利息支付的现金	190 371.16	

（续表）

项目	本期金额	上期金额（略）
支付其他与筹资活动有关的现金	150 000	
筹资活动现金流出小计	760 371. 16	
筹资活动产生的现金流量净额	7 605 598. 84	
四、汇率变动对现金及现金等价物的影响		
五、现金及现金等价物净增加额	7 981 991. 84	
加：期初现金及现金等价物余额	2 421 300. 65	
六、期末现金及现金等价物余额	10 403 292. 49	

五、现金流量表的编制方法及程序

（一）现金流量表的编制方法

现金流量表的编制方法如表 6－10 所示。

表 6－10　现金流量表的编制方法

项目	具体说明
直接法	使用直接法报告经营活动现金流量，就是在现金流量表中直接列示经营活动各项现金流入与现金流出的大类金额（如销售商品、提供劳务收到的现金、支付给职工以及为职工支付的款项等），从而可以向报表使用者直接提供经营活动现金流入与现金流出的来源与去向
	在直接法下，一般是以利润表中的营业收入为起算点，调整与经营活动有关的项目的增减变动，然后计算出经营活动的现金流量
间接法	使用间接法报告经营活动现金流量，就是不详细反映经营活动各大类的现金流入与现金流出金额，而是通过在净利润的基础上调整不涉及现金的收入、费用、营业外收支以及有关项目的增减变动，计算出经营活动的现金流量
	第一类是没有支付现金但在计算净利润时已经扣减的项目，如资产减值准备、固定资产折旧、无形资产摊销、递延所得税负债、赊购且已耗用的存货等，该类项目的金额应该加回
	第二类是没有实际收到现金但在计算净利润时已经加计的项目，如应收账款、应收票据等形成的销售收入，该类项目的金额应该减除
	第三类是不属于经营活动的损益，如处置固定资产、无形资产和其他长期资产的损益、固定资产报废损失、财务费用、投资损益等，该类项目产生的净收益应该减除，产生的净损失应该加回

(二)直接法下部分账户编制要求

直接法下部分账户编制要求如表6-11所示。

表6-11 直接法下部分账户编制要求

项目	具体说明
直接法下部分账户编制要求	“存货”资产类下的各账户，如“原材料”“库存商品”等，企业仍然可以按照原来的方法设置明细账进行核算，但也需要设置一个备查账簿，专门登记有关非经营性存货增加或减少的详细情况，如吸收外单位的存货投资、以存货进行投资、在建工程耗用存货(购进后改变用途)等
	“应付职工薪酬”账户，企业应将应付管理人员的工资与福利费用、应付生产经营人员的工资与福利费、应付在建工程人员的工资与福利费分开，单独设置各自的明细账进行核算，如“管理人员工资”“生产经营人员工资”“工程人员工资”等科目，或设置多栏式明细账
	“应收票据”和“应收账款”账户，企业应该分设“货款”和“增值税”两个明细账，企业如果发生购货退回而货款应退未退的款项时，企业还应该在此基础上设置“应收购货退回款”明细账进行核算，或者也可以设置“购货退回备查登记簿”
	“应付票据”和“应付账款”账户，企业需要分设“货款”和“增值税”两个明细账，企业如有销售退回而货款应退未退的款项时，还应该在此基础上设置“应付销售退回款”明细账进行核算，或者也可以设置“销售退回备查登记簿”
	“财务费用”账户，企业应分别设立“经营性费用”“利息费用”“其他非经营性费用”明细账进行核算
	“管理费用”账户，企业如果存在经营性租赁事项，还应该设置“租金费用”明细账进行核算
	“营业外收入”账户，企业应分设“资产再次评估增值”“固定资产盘盈”“接受捐赠转入”“处理固定资产净收益”“税费返还”“其他经营性收入”等明细账进行核算
	“营业外支出”账户，企业应分设“固定资产盘亏”“处理固定资产净损失”“非常损失”“资产评估减值”“经营性支出”等明细账进行核算
	“其他业务收入”账户，企业应分设“出售材料收入”“技术转让收入”“经营性租赁收入”等明细账进行核算
	“其他业务成本”账户，企业应分设“出售材料成本”“技术转让成本”“经营性租赁支出”“其他税费”等明细账进行核算
	“应收股利”账户，企业应分设“购入股利”(购入股票实际支付的款项中包括已宣告发放但未领取的现金股利)和“应收股利”明细账进行核算
	“应收利息”账户，企业应分设“购入利息”(购入债券时实际支付的款项中包括发行日至购买日的利息)和“应收利息”明细账进行核算
	“投资收益”账户，企业应该分别设立“长期股权投资收益”和“持有至到期投资收益”明细账
	“其他应收款”账户，企业如从事有经营性租赁业务，应该设立“应收租金”明细账进行核算

（续表）

项目	具体说明
直接法下部分账户编制要求	“其他应付款”账户，企业如果从事有经营性租赁业务，还应该设置“应付租金”明细账进行核算
	“持有至到期投资”账户，企业的溢折价应分开，分设“债券面值”“溢价”“折价”“应收利息”明细账进行核算。
	“长期股权投资”账户，企业应设置“投资成本”“损益调整”明细账进行核算，另外，还应该设置专门的备查账簿，专门登记以非现金资产进行投资的事项
	“无形资产”账户，企业应设置备查账簿，专门登记自创无形资产转入、无形资产购入、无形资产投资转出、无形资产出售等事项
	“固定资产”账户，企业应分设“固定资产投资转入”“固定资产购建转入”“接受捐赠固定资产转入”“固定资产报废清理”“固定资产出售”“固定资产捐赠转出”“固定资产投资转出”等明细账，或者企业也可以设立备查账簿进行核算
	“累计折旧”账户，企业应分设“车间计提折旧”“管理部门计提折旧”“在建工程计提折旧”“其他折旧结转”等明细账进行核算
	“长期借款”账户，企业应分设“本金”“利息调整”“应付利息”明细账进行核算
	“实收资本”账户，企业如有收到的非现金资产，则应设置备查账簿，登记本期实际收到的非现金资产（如存货、固定资产等）的增减变动情况

（三）现金流量表的编制程序

现金流量表的编制程序如表6－12所示。

表6－12 现金流量表的编制程序

项目	具体说明
工作底稿法	采用工作底稿法编制现金流量表，就是以工作底稿为手段，以利润表和资产负债表数据为基础，对每一项目进行分析并编制调整分录，从而编制出现金流量表
	第一步，将资产负债表的期初数和期末数过入工作底稿的期初数栏和期末数栏，将利润表的本期金额过入工作底稿的期末数栏
	第二步，对当期业务进行分析并编制调整分录。调整分录时，要以利润表项目为基础，从“主营业务收入”开始，结合资产负债表项目逐一进行分析
	第三步，将调整分录过入工作底稿中的调整分录借方栏和贷方栏
	第四步，核对调整分录，借贷合计应当相等，资产负债表项目期初数加减调整分录中的借贷金额以后，应当等于期末数；利润表栏目中，收入类的贷方调整数与费用、成本类的借方调整数，应与期末数栏中的期末发生额数相符
	第五步，根据工作底稿中的现金流量表项目的期末数，编制正式的现金流量表

（续表）

项目	具体说明
T形账户法	采用T形账户法，就是以T形账户为手段，以利润表和资产负债表数据为基础，对每一项目进行分析并编制调整分录，从而编制出现金流量表
	第一步，为所有的非现金项目(包括资产负债表项目和利润表项目)分别开设T形账户，并将各自的期末期初变动数按原借贷方向过入各账户中
	第二步，开设一个大的“现金及现金等价物”T形账户，每边分为经营活动、投资活动和筹资活动三个部分，借方登记现金流入，贷方登记现金流出；借方余额表示现金流量净增加额，贷方余额表示现金流量净减少额
	第三步，以利润表项目为基础，结合资产负债表的变动及有关账户的详细资料，分析每一个非现金项目的增减变动，并据此编制调整分录
	第四步，将调整分录过入各T形账户，并进行核对。待全部调整分录过账完毕，各账户的借贷金额应保持平衡，即各账户过入的借贷发生额之差与最初过入的期末期初变动数相一致
	第五步，根据大的“现金及现金等价物”T形账户的记录，编制正式的现金流量表

六、企业经济活动分类

企业经济活动分类如表6－13所示。

表6－13 企业经济活动分类

项目	具体说明
经营活动	经营活动是指企业投资活动和筹资活动以外的所有交易和事项。经营活动的范围很广，它包括了企业投资活动和筹资活动以外的所有交易和事项
	经营活动主要包括：销售商品、提供劳务、经营性租赁、购买商品、接受劳务、广告宣传、推销产品、缴纳税款等
投资活动	投资活动是指企业长期资产的购建和不包括在现金等价物范围内的投资及其处置活动。这里所指的长期资产是指固定资产、在建工程、无形资产、其他资产等有期限在一年或一个营业周期以上的资产
	投资活动主要包括：取得和收回投资、购建和处置固定资产、无形资产和其他长期资产等等
筹资活动	筹资活动是指导致企业资本及债务规模和构成发生变化的活动
	这里所说的资本，包括实收资本(股本)、资本溢价(股本溢价)。与资本有关的现金流入和流出项目，包括吸收投资、发行股票、分配利润等
	这里的“债务”是指企业对外举债所借入的款项，如发行债券、向金融企业借入款项以及偿还债务等

七、现金流量表各项目的具体填列方法

现金流量表各项目的具体填列方法如表6－14所示。

表6－14 现金流量表各项目的具体填列方法

项目	内容	填列方法
销售商品、提供劳务收到的现金	本项目反映企业销售商品、提供劳务实际收到的现金，包括销售收入和应向购买者收取的增值税销项税额，企业销售材料和代购代销业务收到的现金，也在本项目反映	本项目可以根据“库存现金”“银行存款”“应收票据”“应收账款”“预收账款”“主营业务收入”“其他业务收入”科目的记录分析填列
收到的税费返还	本项目反映企业收到返还的各种税费，如收到的增值税、营业税、所得税、消费税、关税和教育费附加返还款等	本项目可以根据有关科目的记录分析填列
收到的其他与经营活动有关的现金	本项目反映企业除上述各项目外，收到的其他与经营活动有关的现金，如罚款收入、经营租赁固定资产收到的现金、投资性房地产收到的租金收入、流动资产损失中由个人赔偿的现金收入、除税费返还外的其他政府补助收入等	本项目可以根据“库存现金”“银行存款”“管理费用”“销售费用”“营业外收入”等科目的记录分析填列
购买商品、接受劳务支付的现金	本项目反映企业购买材料、商品、接受劳务实际支付的现金，包括当期购入材料、商品、接受劳务支付的现金(包括增值税进项税额)，以及当期支付前期购入商品、接受劳务的未付款项和为购买商品劳务而预付的现金等	本项目可以根据“库存现金”“银行存款”“应付账款”“应付票据”“主营业务成本”等科目的记录分析填列
支付给职工以及为职工支付的现金	本项目反映企业实际支付给职工的现金以及为职工支付的现金，包括企业为获得职工提供的服务，本期实际给予各种形式的报酬以及其他相关支出	本项目可以根据“库存现金”“银行存款”“应付职工薪酬”等科目的记录分析填列
支付的各项税费	本项目反映企业按规定支付的各项税费，包括本期发生并支付的税费，以及本期支付以前各期发生的税费和预交的税费	本项目可以根据“应交税费”“库存现金”“银行存款”等科目分析填列

（续表）

项目	内容	填列方法
支付的其他与经营活动有关的现金	本项目反映企业除上述各项目外，支付的其他与经营活动有关的现金，如罚款支出、支付的差旅费、业务招待费、保险费、经营租赁支付的现金等	本项目应根据“库存现金”“银行存款”“销售费用”“管理费用”“营业外支出”等科目的记录分析填列
收回投资收到的现金	本项目反映企业出售、转让或到期收回除现金等价物以外的交易性金融资产、持有至到期投资、可供出售金融资产、长期股权投资、投资性房地产等而收到的现金	本项目可以根据“交易性金融资产”“持有至到期投资”“可供出售金融资产”“长期股权投资”“投资性房地产”“库存现金”“银行存款”等科目的记录分析填列
取得投资收益收到的现金	本项目反映企业因股权性投资而分得的现金股利，从子公司、联营企业或合营企业分回利润而收到的现金，因债权性投资而取得的现金利息收入	本项目可以根据“应收股利”“应收利息”“投资收益”“库存现金”“银行存款”等科目的记录分析填列
处置固定资产、无形资产和其他长期资产收回的现金净额	本项目反映企业出售固定资产、无形资产和其他长期资产（如投资性房地产）所取得的现金，减去为处置这些资产而支付的有关费用后的净额	本项目可以根据“固定资产清理”“库存现金”“银行存款”等科目的记录分析填列
处置子公司及其他营业单位收到的现金净额	本项目反映企业处置子公司及其他营业单位所取得的现金减去子公司或其他营业单位持有的现金和现金等价物以及相关处置费用后的净额	本项目可以根据有关科目的记录分析填列
收到的其他与投资活动有关的现金	本项目反映企业除上述各项目外，收到的其他与投资活动有关的现金。其他与投资活动有关的现金，如果价值较大的，应单列项目反映	本项目可以根据“应收股利”“应收利息”“库存现金”“银行存款”科目的记录分析填列
购建固定资产、无形资产和其他长期资产支付的现金	本项目反映企业购买、建造固定资产，取得无形资产和其他长期资产（如投资性房地产）支付的现金，包括购买机器设备所支付的现金及增值税款、建造工程支付的现金、支付在建工程人员的工资等现金支出	本项目可以根据“固定资产”“在建工程”“工程物资”“无形资产”“库存现金”“银行存款”等科目的记录分析填列

（续表）

项目	内容	填列方法
投资支付的现金	本项目反映企业进行权益性投资和债权性投资所支付的现金，包括企业取得的除现金等价物以外的交易性金融资产、持有至到期投资、可供出售金融资产而支付的现金，以及支付的佣金、手续费等交易费用	本项目可以根据“交易性金融资产”“持有至到期投资”“可供出售金融资产”“投资性房地产”“长期股权投资”“库存现金”“银行存款”等科目的记录分析填列
取得子公司及其他营业单位支付的现金净额	本项目反映企业购买子公司及其他营业单位购买出价中支付的部分，减去子公司或其他经营单位持有的现金和现金等价物后的净额	本项目可以根据“长期股权投资”“库存现金”“银行存款”等科目的记录分析填列
支付的其他与投资活动有关的现金	本项目反映企业除上述各项目外，支付的其他与投资活动有关的现金。其他与投资活动有关的现金，如果价值较大的，应单列项目反映	本项目可以根据“应收股利”“应收利息”“库存现金”“银行存款”科目的记录分析填列
吸收投资收到的现金	本项目反映企业以发行股票、债券等方式筹集资金实际收到的款项净额（发行收入减去支付的佣金等发行费用后的净额）	本项目可以根据“实收资本（或股本）”“资本公积”“库存现金”“银行存款”等科目的记录分析填列
借款收到的现金	本项目反映企业举借各种短期、长期借款而收到的现金，以及发行债券实际收到的款项净额（发行收入减去直接支付的佣金等发行费用后的净额）	本项目可以根据“短期借款”“长期借款”“交易性金融负债”“应付债券”“库存现金”“银行存款”等科目的记录分析填列
收到的其他与筹资活动有关的现金	本项目反映企业除上述各项目外，收到的其他与筹资活动有关的现金。其他与筹资活动有关的现金，如果价值较大的，应单列项目反映	本项目可以根据“库存现金”“银行存款”“营业外收入”科目的记录分析填列
偿还债务所支付的现金	本项目反映企业以现金偿还债务的本金，包括：归还金融企业的借款本金、偿付企业到期的债券本金等	本项目可以根据“短期借款”“长期借款”“交易性金融负债”“应付债券”“库存现金”“银行存款”等科目的记录分析填列
分配股利、利润或偿付利息支付的现金	本项目反映企业实际支付的现金股利、支付给其他投资单位的利润或用现金支付的借款利息、债券利息	本项目可以根据“应付股利”“应付利息”“利润分配”“财务费用”“在建工程”“制造费用”“开发支出”“库存现金”“银行存款”等科目的记录分析填列

（续表）

项目	内容	填列方法
支付的其他与筹资活动有关的现金	本项目反映企业除上述各项目外，支付的其他与筹资活动有关的现金	本项目可以根据“营业外支出”“长期应付款”“银行存款”“库存现金”等科目的记录分析填列

（一）经营活动现金流量

经营活动现金流量如表 6－15 所示。

表 6－15　经营活动现金流量

项目	内容	具体说明
销售商品、提供劳务收到的现金	销售商品、提供劳务收到的现金指企业销售商品或提供劳务等经营活动收到的现金	本项经营活动包括所有经营活动，包括经营性租赁，不包括随销售收入和劳务收入一起收到的增值税销项税额；本项目应包括收回前期的货款和本期预收的货款；发生销售退回而支付的现金应从本项目中扣除
	当期销售货款或提供劳务收到现金的计算公式	销售商品、提供劳务收到的现金＝当期销售商品或提供劳务收到的现金收入＋当期收到前期的应收票据＋当期的预收账款－当期因销售退回而支付的现金＋当期收回前期核销的坏账损失
	本例计算过程	①当期销售商品或提供劳务收到的现金收入＝120 600＋819 000＋35 000＋20 000＝994 600（元）
		②当期收到前期的应收账款＝20 000＋705 600＝725 600（元）
		③当期收到前期的应收票据 99 705 元
		④当期预收账款 90 000 元；当期收到退回的预付款项 1 500 元；当期没有收回前期核销的坏账损失
		⑤当期销售商品或提供劳务收到的现金＝994 600＋725 600＋99 705＋90 000＋1 500＝1 911 405（元）

（续表）

项目	内容	具体说明
收到的税费返还	本项目反映企业收到返还的各种税费，如收到的增值税、营业税、所得税、消费税、关税和教育费附加返还款等	本项目可以根据“库存现金”“银行存款”“营业税金及附加”“营业外收入”等科目的记录分析填列
		本例中，企业当期收到的税费返还为0元
收到的其他与经营活动有关的现金	本项目反映企业除上述各项目外，收到的其他与经营活动有关的现金，如罚款收入、经营租赁固定资产收到的现金、流动资产损失中由个人赔偿的现金收入、除税费返还外的其他政府补助收入等。其他与经营活动有关的现金，如果价值较大的，应单列项目反映	本项目可以根据“库存现金”“银行存款”“管理费用”“销售费用”等科目的记录分析填列
		本例中，企业收到的其他与经营活动有关的现金 = 500 + 3 000 + 260 + 3 200 = 6 960（元）
购买商品、接受劳务支付的现金	购买商品、接受劳务支付的现金，包括当期购买商品、接受劳务支付的现金、当期支付的前期购买商品的应付款以及为购买商品而预付的现金等	应购买商品或接受劳务而同时支付的、能够抵扣增值税销项税额的进项税额，在“支付的增值税款”项目中反映。如果购买商品或接受劳务，其中所含的增值税进项税额不能抵扣增值税销项税额，则仍在本例中反映
	企业当期购买商品、接受劳务支付的现金可通过以下公式计算	购买商品、接受劳务支付的现金 = 当期购买商品、接受劳务支付的现金 + 当期支付前期的应付账款 + 当期支付前期的应付票据 + 当期预付的账款 - 当期因购货退回收到的现金
	本例计算过程	①当期购买商品接受劳务支付的现金 = 900 + 166 725 + 60 000 + 47 700 + 59 500 + 11 700 + 46 800 + 5 850 + 35 100 = 434 275（元）
		②当期支付前期的应付账款46 800元
		③当期支付前期的应付票据为0
		④当期没有预付的账款；当期没有因购货退回收到的现金

（续表）

<table>
<tr><th>项目</th><th>内容</th><th>具体说明</th></tr>
<tr><td>支付给职工以及为职工支付的现金</td><td>本项目反映企业以现金方式支付给职工的工资和为职工支付的其他现金。支付给职工的工资包括工资、奖金以及各种补贴等；为职工支付的其他现金，如为职工交纳的养老、失业等社会保险基金、企业为职工交纳的商业保险金等</td><td>本例中支付给职工以及为职工支付的现金 = 4 000 + 2 400 + 3 600 + 39 640 = 49 640（元）</td></tr>
<tr><td rowspan="2">支付的各项税费</td><td rowspan="2">本项目反映企业按规定支付的各项税费，包括本期发生并支付的税费，以及本期支付前期发生的税费和预交的税费，如支付的教育费附加、印花税、房产税、土地增值税、车船税、营业税、增值税、所得税等。不包括本期退回的增值税、所得税。本期退回的增值税、所得税等，在“收到的税费返还”项目中反映</td><td>本项目可以根据“应交税费”“库存现金”“银行存款”等科目分析填列</td></tr>
<tr><td>本例中支付的各项税费 = 1 862 + 312 + 133.71 + 3 453.29 + 2 630 = 8 391（元）</td></tr>
<tr><td rowspan="2">支付的其他与经营活动有关的现金</td><td rowspan="2">本项目反映企业除上述各项目外，支付的其他与经营活动有关的现金，如罚款支出、支付的差旅费、业务招待费、保险费、经营租赁支付的现金等。其他与经营活动有关的现金，如金额较大的，应单列项目反映</td><td>本项目可以根据有关科目的记录分析填列</td></tr>
<tr><td>本例中企业支付的其他与经营活动有关的现金 = 5 000 + 10 000 + 3 600 + 1 000 + 400 + 120 000 + 1 000 + 300 + 200 + 500 + 5 600 + 22 442 + 5 789 + 3 000 + 1 310 + 16 000 + 20 000 + 2 000 = 218 141（元）</td></tr>
</table>

（二）投资活动现金流量

投资活动现金流量如表 6 – 16 所示。

表6－16 投资活动现金流量

项目	内容	具体说明
收回投资所收到的现金	企业收回的投资款项中包括两部分内容：一是投资本金，二是投资收益。除投资本金在本项目反映外，与投资本金一起收回的投资收益也应在本项目反映	债券投资本金与利息，一般易于分清，其债券利息收入应与本金分开，在“取得债券利息收入所收到的现金”项目中单独反映
		本例中企业收回投资龙华公司债券的收入收到现金200 000元，上海贸易公司的债券21 000元，长期股权投资90 000元
取得投资收益收到的现金	本项目反映企业因股权性投资而分得的现金股利以及债权性投资而取得的现金利息收入。股票股利由于不产生现金流量不在本项目中反映；包括在现金等价物范围内的债券性投资，其利息收入在本项目中反映	本项目可以根据“应收股利”“应收利息”“投资收益”“库存现金”“银行存款”等科目的记录分析填列
		本例中企业取得投资收益收到的现金＝6 000＋200＋9 000＝15 200（元）
处置固定资产、无形资产和其他长期资产而收到的现金净额	本项目反映出售固定资产、无形资产和其他长期资产所取得的现金扣除为出售这些资产而支付的有关费用后的净额。本项目还包括固定资产报废、毁损的变卖收益以及遭受灾害而收到的保险赔偿收入等	如处置固定资产、无形资产和其他长期资产所收回的现金净额为负数，则应作为投资活动现金流出项目反映，列在“支付的与投资活动有关的其他现金”中
		本例中企业处置固定资产、无形资产和其他长期资产而收到的现金净额为75元
处置子公司及其他营业单位收到的现金净额	本项目反映企业处置子公司及其他营业单位所取得的现金减去子公司或其他营业单位持有的现金和现金等价物以及相关处置费用后的净额	本项目可以根据有关科目的记录分析填列
		本例中没有发生处置子公司及其他营业单位的活动，故没有现金流量
收到的其他与投资活动有关的现金	本项目反映企业除上述各项目外，收到的其他与投资活动有关的现金。其他与投资活动有关的现金，如果价值较大的，应单列项目反映	本项目可以根据有关科目的记录分析填列
		本例中没有发生其他与投资活动有关的现金，故没有现金流量

（续表）

项目	内容	具体说明
购建固定资产、无形资产和其他长期资产所支付的现金	本项目反映企业购买、建造固定资产，取得无形资产和其他长期资产支付的现金，包括购买机器设备所支付的现金及增值税款、建造工程支付的现金、支付在建工程人员的工资等现金支出，不包括为购建固定资产、无形资产和其他长期资产而发生的借款利息资本化部分，以及融资租入固定资产所支付的租赁费	为购建固定资产、无形资产和其他长期资产而发生的借款利息资本化部分，在“分配股利、利润或偿付利息支付的现金”项目中反映；融资租入固定资产所支付的租赁费，在“支付的其他与筹资活动有关的现金”项目中反映，不在本项目中反映
		本项目可以根据“固定资产”“在建工程”“工程物资”“无形资产”“库存现金”“银行存款”等科目的记录分析填列
		本例中企业购建固定资产、无形资产和其他长期资产所支付的现金 = 30 000 + 85 900 + 292 500 + 85 000 + 200 000 = 693 400(元)
投资支付的现金	本项目反映企业进行权益性投资和债权性投资所支付的现金，包括企业取得的除现金等价物以外的交易性金融资产、持有至到期投资、可供出售金融资产而支付的现金，以及支付的佣金、手续费等交易费用。企业购买债券的价款中含有债券利息的、以及溢价或折价购入的，均按实际支付的金额反映	企业购买股票和债券时，实际支付的价款中包含的已宣告但尚未领取的现金股利或已到付息期但尚未领取的债券利息，应在“支付的其他与投资活动有关的现金”项目中反映；收回购买股票和债券时支付的已宣告但尚未领取的现金股利或已到付息期但尚未领取的债券利息，应在“收到的其他与投资活动有关的现金”项目中反映
		本例中企业投资支付的现金为购买的东方电气股份有限公司的股票 105 000 元 + 购入股票 300 600 元 + 购入 B 公司股票 49 700 元 = 455 300(元)
取得子公司及其他营业单位支付的现金净额	本项目反映企业取得子公司及其他营业单位购买出价中以现金支付的部分，减去子公司或其他营业单位持有的现金和现金等价物后的净额	本项目可以根据有关科目的记录分析填列
		整体购买子公司或其他营业单位的现金流量，就应以购买出价中以现金支付的部分减去子公司或其他营业单位持有的现金和现金等价物后的净额反映，如为负数，应在“收到其他与投资活动有关的现金”项目中反映
		本例中没有购买子公司及其他营业单位的活动，故无相关现金流量

（续表）

项目	内容	具体说明
支付的其他与投资活动有关的现金	本项目反映企业除上述项目外，支付和其他与投资活动有关的现金。其他与投资活动有关的现金，如果价值较大的，应单列项目反映	本项目可以根据有关科目的记录分析填列
		本例中支付的其他与投资活动有关的现金 =5 100 +2 000 +2 000 =9 100（元）

（三）筹资活动现金流量

筹资活动现金流量如表6－17 所示。

表6－17　筹资活动现金流量

项目	内容	具体说明
吸收投资收到的现金	本项目反映企业以发行股票、债券等方式筹集资金实际收到的款项净额（发行收入减去支付的佣金等发行费用后的净额）。以发行股票等方式筹集资金而由企业直接支付的审计、咨询等费用，不在本项目中反映，而在“支付的其他与筹资活动有关的现金”项目中反映	由金融企业直接支付的手续费、宣传费、咨询费、印刷费等费用，从发行股票、债券取得的现金收入中扣除，以净额列示
		本项目可以根据“实收资本（或股本）”“资本公积”“库存现金”“银行存款”等科目的记录分析填列
		本例中企业吸收投资收到的现金 = 1 000 000 +6 000 000 =7 000 000（元）
借款收到的现金	本项目反映企业举借各种短期、长期借款而收到的现金	本项目可以根据“短期借款”“长期借款”“交易性金融负债”“应付债券”“库存现金”“银行存款”等科目的记录分析填列
		本例中企业借款收到的现金 =150 000 + 1 000 000 =1 150 000（元）
收到的其他与筹资活动有关的现金	本项目反映企业除上述各项目外，收到的其他与筹资活动有关的现金。其他与筹资活动有关的现金，如果价值较大的，应单列项目反映	本项目可根据有关科目的记录分析填列
		本例中企业收到的其他与筹资活动有关的现金为215 970 元
偿还债务所支付的现金	本项目反映企业以现金偿还债务的本金，包括归还金融企业的借款本金、偿付企业到期的债券本金等。企业偿还的借款利息、债券利息，在“分配股利、利润或偿付利息所支付的现金”项目中反映，不在本项目中反映	本项目可以根据“短期借款”“长期借款”“交易性金融负债”“应付债券”“库存现金”“银行存款”等科目的记录分析填列
		本例中企业偿还债务所支付的现金 = 20 000 +400 000 =420 000（元）

（续表）

项目	内容	具体说明
分配股利、利润或偿付利息支付的现金	本项目反映企业实际支付的现金股利、支付给其他投资单位的利润或用现金支付的借款利息、债券利息。不同用途的借款，其利息的开支渠道不一样，如在建工程、财务费用等，均在本项目中反映	本项目可以根据“应付股利”“应付利息”“利润分配”“财务费用”“在建工程”“制造费用”“开发支出”“库存现金”“银行存款”等科目的记录分析填列
		本例中分配股利、利润或偿付利息支付的现金 = 25 200 + 33 600 + 131 571.16 = 190 371.16(元)
支付的其他与筹资活动有关的现金	本项目反映企业除上述各项目外，支付的其他与筹资活动有关的现金，如以发行股票、债券等方式筹集资金而由企业直接支付的审计、咨询等费用，融资租赁所支付的现金、以分期付款方式构建固定资产以后各期支付的现金等。其他与筹资活动有关的现金，如果价值较大的，应单列项目反映	本项目可以根据有关科目的记录分析填列
		本例中支付的其他与筹资活动有关的现金为 150 000 元